会计学与财务管理系列教材

数智会计基础

SHUZHI KUAIJI JICHU

主　编　张劲松
副主编　李　文　刘　阳　王　琦

科学出版社
北　京

内 容 简 介

本教材为全国首批会计微专业课程"数智会计"的配套教材，让零起点的学生掌握基本的数智会计理念、概念框架，主要会计报表（即资产负债表、利润表及现金流量表）的结构与关联关系，掌握各类典型经济业务及事项的数智会计处理，分析主要经济业务对会计信息的影响，运用数字化、智能化工具提供现代企业所需要的数智会计信息。本教材的同步慕课已在智慧树平台上线。

本教材主要作为高校非会计专业的数智会计技能普及教学用书及企业管理、会计人员职业能力持续更新辅导用书。

图书在版编目（CIP）数据

数智会计基础/张劲松主编. —北京：科学出版社，2023.8
会计学与财务管理系列教材
ISBN 978-7-03-075523-0

Ⅰ. ①数… Ⅱ. ①张… Ⅲ. ①数字技术–应用–企业管理–财务会计–教材 Ⅳ. ①F275.2-39

中国国家版本馆 CIP 数据核字（2023）第 083438 号

责任编辑：方小丽 / 责任校对：贾娜娜
责任印制：张 伟 / 封面设计：楠竹文化

科 学 出 版 社 出版
北京东黄城根北街 16 号
邮政编码：100717
http://www.sciencep.com

北京虎彩文化传播有限公司 印刷
科学出版社发行 各地新华书店经销

*

2023 年 8 月第 一 版　开本：787×1092　1/16
2023 年 8 月第一次印刷　印张：5 3/4
字数：136 000
定价：32.00 元
（如有印装质量问题，我社负责调换）

"会计学与财务管理系列教材"
编委会

顾　问：于玉林　曲晓辉
主　任：张劲松　张　林
委　员：（按姓氏笔画排序）
　　　　王福胜　田国双　孙永军　李　萍　段洪成
　　　　徐素波　徐　鹿　梁运吉　谭旭红

总　序

"会计学与财务管理系列教材"于2007年5月第一次出版，2012年和2018年第二次和第三次再版，截至2022年初已历经15年。此系列教材发行总量近60万册，部分教材已经累计印刷数十次。全国有数十所高校的数万名师生在使用这套教材，对这套教材给予了充分肯定与持续信任。

在服务广大读者和师生的同时，系列教材得到了诸多荣誉：《基础会计学》《高级财务会计》《财务管理》《初级财务管理》《会计制度设计》被评为普通高等教育"十一五"国家级规划教材，并获得省级教学成果一等奖；《基础会计学》《财务管理》分别获得黑龙江省第十四届社科成果一等奖、二等奖；《基础会计学》《中级财务会计》《财务管理》《成本会计》被确认为省级精品课程配套教材；《基础会计学》《成本会计》荣获教育部"十二五"普通高等教育本科国家级规划教材。《财务数据库系统设计与实践》《会计信息化理论与实务》入选科学出版社"十四五"普通高等教育本科规划教材。一套教材能够获得如此多的奖励与成就，皆源于广大读者的支持与厚爱。

伴随着大数据、人工智能、移动互联、云计算、物联网、区块链等新科技的高速发展，新业态、新模式和新理念不断涌现，新的会计规范接连出台，新的理论不断产生、完善。我们必须重新思考会计和财务管理等相关专业人才培养的目标和定位，确保相关教材无论从内容上还是形式上都与时俱进，以助力培养更多符合社会发展的创新型、应用型、复合型高素质专门人才。

为此，本系列教材进行第四次改版。承蒙读者15年的关注与厚爱，我们将踔厉奋发、笃行不息，以将此套教材打磨成为"经典教材"为奋斗方向。

本次再版修订，本系列教材继续保持所具有的优势特色。

（1）知识体系完整，相关教材内容衔接紧密。

（2）内容全面，逻辑严谨，知识点讲解准确，语言表述通俗易懂。

（3）理论与实际结合紧密，操作性、应用性强。

（4）习题资料及案例内容翔实，突出学生的能力训练和综合素质培养。

（5）注重现实，放眼未来。多本教材对学科研究前沿做出专题介绍，实现了良好的专业发展引导和思维拓展，有利于培养学生创新意识。

此外，教材的主编又根据实际情况做出相应的修订，主要包括以下几种情况。

（1）随着时代进步所形成的新思想、新理念、新方法及科学研究新成果，在相应教材中予以反映。

（2）针对相关法律、法规、会计准则和会计制度所做的修订，同步更新相应教材中的内容。

（3）增加最近几年出现的引起理论界和实务界普遍关注的经典商业案例。

（4）部分教材的习题资料进一步充实完善。

（5）由读者建议而适当调整的内容。

本系列教材在第四次修订中，得到科学出版社的责任编辑王京苏、郝静的大力支持，也得到许多读者提供的意见与建议。在教材编写过程中，借鉴和参考了国内外学者的相关研究成果，在此一并表示感谢。

张劲松
2022 年 2 月

前　言

　　党的二十大报告指出，加快建设网络强国、数字中国。本教材为全国首批会计微专业课程"数智会计"的配套教材，为持续推动党的二十大精神进教材进课堂，围绕党的二十大提出的"加快发展数字经济，促进数字经济和实体经济深度融合"战略部署，本教材以学生职业发展需求为导向，运用大数据、人工智能、互联网及云计算等新技术，与会计核算及财务管理等专业基础知识相融合，培养学生成为具备数据分析能力、投资理财能力、创新创业能力等的符合时代要求的应用型、交叉复合型会计人才。《数智会计基础》教材有效弥补了大学专业划分过细、口径过窄及培养周期过长等问题，提升了专业培养与就业、职业发展需求之间的匹配度。

　　《数智会计基础》教材基于复合型智能会计人才培养目标，课程减少程序化、重复性的业务内容，强化非程序化的业务能力培养。数智时代，会计核算已经成为高度专业化岗位，大型企业集团设有财务共享中心，小微企业通过专业服务公司实现会计外包，基础核算业务将被人工智能所取代。业财融合背景下，我们在掌握基本的会计理论、原理的基础上还需要培养大数据会计信息分析、处理能力，业务信息与会计信息的转化能力等，运用数字化、智能化工具提供现代企业所需要的数智会计信息。

　　本教材由哈尔滨商业大学张劲松教授担任主编。具体分工如下：第一章由张劲松和刘阳共同编写；第二章、第三章由张劲松编写；第四章由刘阳编写；第五章由王琦编写；第六章由李文编写；最后由张劲松、刘阳进行全书的整理和总纂工作。同时感谢在本教材编写过程中提供帮助和资料的各位专家和学者，没有他们丰富的理论积累和储备，本教材无法完成编写工作。

　　本教材编写过程中，参考了一些同类教材和相关资料，在此对原作者表示诚挚的谢意。对于书中不妥的地方，恳请读者给予批评指正，我们将在下一版中进一步完善。

张劲松
2023 年 6 月

目　录

第一章　总论 ... 1
第一节　会计的概述 ... 1
第二节　会计的产生和发展 ... 5
复习思考题 ... 16

第二章　会计循环 ... 17
第一节　会计循环的前提条件和基础工作 ... 17
第二节　会计循环的基本方法 ... 19
第三节　会计循环中会计信息质量要求 ... 22
复习思考题 ... 23

第三章　会计要素及会计恒等式 ... 25
第一节　会计要素 ... 25
第二节　会计计量 ... 30
第三节　会计恒等式 ... 31
复习思考题 ... 35

第四章　数智会计处理程序 ... 37
第一节　数字化会计处理程序 ... 37
第二节　智能会计处理程序 ... 42
复习思考题 ... 47

第五章　企业主要会计业务数智处理 ... 48
第一节　企业主要经营过程核算及内容 ... 48
第二节　资金筹集的核算 ... 49
第三节　供应阶段的核算 ... 50
第四节　生产阶段的核算 ... 52
第五节　销售阶段的核算 ... 56
第六节　财务成果的核算 ... 57
复习思考题 ... 62

第六章　数智财务报表 ... 63
第一节　数智财务报表认知 ... 63
第二节　数智资产负债表 ... 64
第三节　数智利润表 ... 72
第四节　数智现金流量表 ... 76
复习思考题 ... 81

第一章

总 论

本章主要介绍会计的含义、会计的职能、会计的产生和发展的过程。

会计是指以货币为主要计量单位,连续地、全面地、系统地、综合地反映和监督一个单位经济活动的一种经济管理工作。

会计是随着经济的发展逐步产生和发展的,经济越发展,会计越重要。

会计的基本职能就是核算和监督,主要目的就是向信息使用人提供对决策有用的信息,并反映企业管理层受托责任的履行情况,帮助信息使用者做出正确决策。

会计按会计信息使用者的不同,分为财务会计和管理会计;按会计主体设立目的不同,分为企业会计和预算会计。

【重要概念】 会计 会计种类 反映 监督

第一节 会计的概述

一、会计的含义

从字面上来看,"企业"的"企"字上面是"人",下面是"止",企业没有人就会止步不前,乃至破产;"业"指的是在一个平台上,主业副业要并驾齐驱,共同发展,企业只有把它们连在一起,才能正常运行,拥有核心竞争力。"会计"的"会"字上面是"人",下面是"云",可以理解为是在人的领导下来表达大数据;"计"指的是大数据具体是如何表达的,左边是"言",右边是"十",站在大数据的角度,在人的领导下,要尽可能表达得十全十美。因此会计是一种语言,是一种艺术,同时也是一种技术。

因为有会计,各种经济事务才可以在企业内部、企业之间、企业与政府等机构之间进行交流。例如,当企业和其他企业交流时,要借助于会计语言;当企业和银行交流时,是否能贷款,贷款时间和利率如何确定,也要使用会计语言;当企业和政府交流时,政府对高新技术企业提供的补贴和贴息贷款等支持,同样需要使用会计语言。一个企业拥有多少资产、承担多少债务、拥有多少权益、获得多少收入、减去多少费用、剩余多少利润,这些问题都需要借助会计来进行说明。

会计是指以货币为主要计量单位,连续地、全面地、系统地、综合地反映和监督一个单位经济活动的一种经济管理工作。数智会计是相对于传统会计而言的,数智会计将现代信息技术融入传统会计中,将传统的会计专业知识与计算机、云计算、大数据等技术相融合,它更适应当下智能化时代的要求。

(一)会计以经济活动为反映和监督的对象

1. 对于社会而言,经济活动是指社会产品的生产、分配、交换、消费等各个环节

有观点认为会计是微观的,只是涉及企业层面的核算,但实际上,并不是这样,会计是涉及微观、中观和宏观的,反映全社会的生产、分配、交换、消费等各个环节。

生产环节是人们利用厂房、设备、工具等劳动资料对原材料等劳动对象进行加工,创造社会产品的过程,一般包括工业和农业。

分配环节是指把已经创造出来的产品进行分配。其中一部分用于补偿消耗了的生产资料和用于支付职工的劳动报酬;一部分用于分配给投资者的利润;还有一部分会以税收的形式上缴国家财政,进入到第二次分配中,如用于国防、能源、交通、科研、教育等。

交换环节是指把已创造出来的产品进行交换,如把工业产品与农业产品交换,这种交换一般是通过商品流通企业和第三产业进行的。

消费环节是指对已创造出来的产品进行消费,包括生产消费和个人消费。

在以上四个环节中,为生产社会产品所必需的生产支出、产品分配、商品流通及生产消费等,都是会计的对象;至于个人消费,由于其不属于各单位再生产过程中资金运动的范围,因而不属于会计的对象。

2. 对于企业而言,经济活动体现为资金的运动过程

企业为了维持日常的经营活动,需要储备库存现金、银行存款等作为货币资金,此外,企业还必须拥有一定数量的财产物资,包括厂房、机器设备、原材料、库存商品等,这些财产物资的货币表现以及货币本身就是企业的资金。数智会计中资金的周转是指企业的资金,在购进商品时由货币形态转化为商品形态;随着商品的销售,购买商品时所垫支的货款得以收回,企业的资金又从商品形态回归为货币形态;资金循环是指企业中资金从货币资金形态转到生产资金、商品资金形态,又回到货币资金形态的运动过程。制造业企业资金运动过程,如图1-1所示。

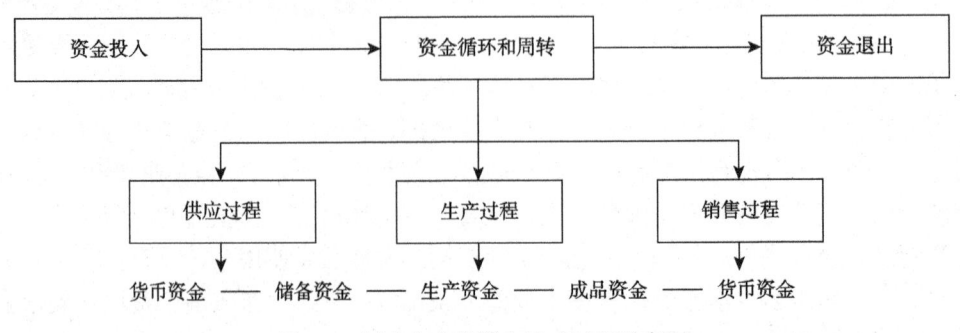

图1-1 制造业企业资金运动过程示意图

如图1-1,以制造业为例,制造业是从事工业产品生产和销售的营利性经济组织。为了从事产品的生产与销售活动，企业必须拥有一定数量的资金，用于建造厂房、购买机器设备、购买原材料、支付职工薪酬、支付经营管理中必要的开支等。生产出的产品销售后，收回的货款要补偿生产中垫付的资金、偿还有关债务、上缴有关税金等。企业的资金可以通过投资者投资，发行股票、债券，向银行借款等方式取得。因此，制造业的资金运动包括资金投入、资金循环和周转及资金退出三部分，资金循环和周转分为供应、生产、销售三个阶段。

（1）供应阶段。供应阶段主要的经济业务是用货币资金购买原材料，发生材料买价、运输费、装卸费等材料采购成本，与供应单位发生货款结算关系。企业的资金从货币形态转为材料形态。

（2）生产阶段。生产阶段主要的经济业务是把原材料投入到生产领域，经过加工，生产出产品。在生产过程中，发生材料消耗的材料费、生产工人劳动耗费的人工费、固定资产磨损的折旧费，此外，企业与工人和有关单位之间还会发生工资与劳务的结算关系。企业的资金从材料形态、货币形态和固定资产形态转化为生产形态，最后转化为产品形态。

（3）销售阶段。销售阶段主要的经济业务是销售商品，取得货款。因此，在销售过程中，发生销售费用、收回货款、缴纳税金等业务，并与购货单位与税务机关发生货款及税务的结算业务；企业获得的销售收入扣除各项费用后的利润，还要提取盈余公积和向投资者分派利润。企业的资金从产品形态又重新回到货币形态，完成一次资金的循环。

当企业用资金偿还债务、上缴各项税金、向投资者分配利润时，资金退出本企业的资金循环和周转。

对于行政机关、事业单位而言，经济活动是指经费的取得和经费的支出。行政机关、事业单位既没有生产经营，也不组织商品流通活动，主要的作用在于进行各项行政管理或各项专业事业。开展工作所需的资金一般由国家通过预算从国家财政收入中拨付，按预算规定的用途支出。

（二）会计是以提供会计信息为主要目的的核算和管理活动

在数智化时代，为了向信息使用人提供真实、完整的会计信息，就不能仅靠观察日常经营活动来掌握全面情况，而必须运用会计的综合计量、登记、编表等方式对经济活动进行管理，借以掌握经济活动过程中的经济信息，控制和调节经济活动，力求提高经济效益。

数智会计，同时也是一种管理活动。企业的经营管理水平直接影响企业的经济效益、经营风险、竞争能力和发展前景，在一定程度上决定着企业的前途和命运。会计信息有助于包括融资、技术创新、市场营销等在内的企业发展战略的研究和制定，也有助于加强财务、成本、资金、人才、质量等各方面的管理工作。

（三）会计以货币为主要的计量单位

在数智化时代，企业在核算时必须使用一定的计量单位，包括实物单位、价值单位和劳动单位。由于各种不同使用价值的财产物资不能直接相加，如企业的厂房、设备、汽车、原材料、产成品等，只有把它们折算为价值量，即以货币计量，才能汇总各种财产物资和反映不同性质的经济业务，因而会计必须以货币为计量单位。

但货币并不是数智会计的唯一计量单位，因为会计不但要从价值方面反映再生产过程的资金运动，而且必须反映和监督再生产过程财产物资的增减变动情况。资金运动往往是伴随着财产物资的增减变动进行的，如材料的核算，会计不仅需要提供其总括的资料，而且还要提供各种材料的实际数量的增减变动。这时，就需同时使用货币单位和实物单位。所以，货币是会计的主要计量单位，而不是唯一的计量单位。

（四）会计对经济活动的反映具有连续性、全面性、系统性和综合性特点

连续性是指数智会计对经济活动，要按其发生时间的顺序，不间断地进行记录核算。

全面性是指数智会计对所有纳入会计核算、控制范围内的经济活动进行完整的记录，不能有任何遗漏。

系统性是指数智会计对各项经济活动既要进行相互联系的记录，又要进行科学的分类整理。

综合性是指数智会计要对各项经济活动以货币为计量单位进行综合汇总，计算出经营管理所需的总括价值指标。

二、会计的职能

数智会计的基本职能是核算和监督，也叫反映和控制。

（一）进行会计核算

数智会计的核算职能主要是指它能连续、全面、系统、综合地反映企业、事业、行政单位的经济活动功能，这是会计最基本的职能。它是指会计以货币为主要计量单位，对特定主体的经济活动进行确认、计量、记录和报告，为有关各方提供会计信息。会计核算要求做到真实、准确、完整和及时，核算的具体内容如下。

（1）款项和有价证券的收付，如企业的销货款、购货款、其他款项的收付，股票、公司债券、国库券、其他票据等的收付。

（2）财物的收发、增减和使用，如企业的材料、产成品和固定资产的增加和减少，现金、银行存款的收入和付出等。

（3）债权债务的发生和结算，如企业的应收销货款、应付购货款、其他应收应付款的发生和结算。

（4）资本、基金的增减和经费的收支，如企业实收资本的增加和减少，事业单位经费收入和经费支出。

（5）收入、费用、成本的计算，如企业销售收入、管理费用和产品成本计算等。

（6）财务成果的计算和处理，如企业收入大于费用是实现盈利，要按规定进行分配，相反，企业费用大于收入是发生亏损，要按规定进行弥补。

（7）其他需要办理会计手续、进行会计核算的事项。

（二）实施会计监督

数智会计的监督职能，就是在核算经济活动的同时，对特定主体经济活动和相关会计核算的合法性、合理性进行审查，借以控制经济活动，使经济活动能够根据一定的目标、计划，遵循一定的原则正常进行。例如，在核算购入材料经济业务的同时，要检查监督材料验收入库的手续是否完备，计价是否正确，实际成本与目标成本和计划成本有多少差异，从而使材料采购能与企业的生产经营目标相适应。会计监督要做到事前、事中和事后全过程的监督。监督的具体内容如下：

（1）监督经济业务的真实性；

（2）监督财务收支的合法性；

（3）监督公共财产的完整性。

（三）拓展职能

数智会计在核算和监督两项基本职能基础上还有一些拓展职能，拓展职能主要有：预测经济前景、参与经济决策、评价经营业绩。

（1）预测经济前景是指判断和推测经济活动的发展变化规律，以指导和调节经济活动，提高经济效益。

（2）参与经济决策是指对备选方案进行经济可行性分析，为企业生产经营管理提供与决策相关的信息。

（3）评价经营业绩是指对企业一定经营期间的资产运营、经济效益等经营成果，对照相应的评价标准，进行定量及定性对比分析，做出真实、客观、公正的综合评判。

会计的核算、监督和拓展职能是相互联系、相互促进的。核算是基本的职能，它是进行控制和参与决策的基础，没有核算所提供的各种信息，监督就失去了依据；监督是在核算的过程中进行的，是核算质量的保障，没有监督将无法保证核算所提供信息的真实性和可靠性；预测、决策和评价经营业绩则是基本职能的延伸和拓展，没有核算与监督就无法进行正确的预测、决策和评价。只有把它们有机结合起来，才能更好地发挥数智会计职能的作用。

第二节 会计的产生和发展

一、会计的产生

在我国，会计的萌芽阶段可以追溯到原始社会末期，当时已经有"结绳记事""刻契记事"等原始计算记录方法。到了西周（公元前1046—前771年）才有了"会计"的命名和较为严格的会计机构，并开始把会计提高到管理社会经济的地位上来。由此，"会计"的意义也随之明确。根据西周"官厅会计"核算的具体情况来看，"会计"这个术语在西周时代开始使用，其基本含义既有日常的零星核算，又有期末的汇总核算，通过日积月累到期末、年末的核算，达到正确考核王朝财政经济收支的目的。这时，西周王朝也建立了较为严格的会计机构，设立了专管钱粮赋税的官员，并建立了"日成"、"月要"

和"岁会"等报告文件，这些文件初步具备了旬报、月报、年报等会计报表的作用。我国"会计"命名的出现，是我国会计理论产生、发展的一种表现，而这种完备的会计机构的出现，也是我国会计发展史上的一个突出进步。

尽管我国在西周已有"会计"这一术语，但并非真正的会计。我国在西汉之前，把所有需计算汇总的工作统称为"会计"；直到西汉，才把能以货币计量的经济活动作为会计事项，从"会计"中分离出来。把记录能以货币计量的经济活动的账册称为"簿书"，而把记录其他需核算的经济活动的账册称为"籍书"。也就是在这一阶段，"会计"分离为会计和统计。从这个意义上讲，此时开始的会计才是真正的会计。

国外会计的产生源于公元前4000年左右，埃及进入奴隶社会，建立了以法老为中心的中央集权国家，在其机构中设立了管理国家财政的官吏，其中有国库长官、出纳官、记录官、监督官等。公元前3500年左右，两河流域的苏美尔人逐渐进入奴隶社会，在政府中设立了与财计工作密切相关的记录官等官吏。考古发现的《帕勒摩石碑》碑文表明，古埃及第五王朝时期有会计记录与会计报告合为一体的特点。约公元前2113~前2006年，古巴比伦第三王朝时期的记录方式采用叙述式，语言和形式简化，运用整数、分数、汇总等数学技巧。公元前2000~前1500年，古希腊克里特文明时期已经出现了掌管簿记的官吏。公元前1792~前1750年，古巴比伦第六代国王汉谟拉比颁布了《汉谟拉比法典》，对古巴比伦会计产生了重要影响。公元前630年，古希腊开始使用城邦政府铸造的货币。公元前594~前494年，雅典民主政治对公共财产的管理成为国家政治制度中的一项重要内容，涉及的官吏主要有公卖官、出纳官、会计官及审计官。公元529年，东罗马帝国完成《民法大全》，《民法大全》将古罗马会计收录在内，对后来欧洲会计的进一步发展有着重要作用。

无论是国内还是国外，会计的产生对全世界的发展都有着重要的作用。数智会计是相对于传统会计而言的，更适应当下数字化和智能化时代的职业。数智会计人才是能够将现代信息技术融入传统会计行业的新型会计人才，应同时掌握传统会计行业的专业知识和计算机技术。

二、会计的发展

我国长期以来使用单式记账，在历史上发挥了积极的作用，在世界上也一度居于领先地位，在唐、宋两代创建了"四柱结算法"，也叫四柱清册。

计算公式为：旧管 + 新收 = 开除 + 实在

即：期初余额 + 本期收入 = 本期支出 + 期末余额

这为我国通行的收付记账法奠定了基础。到了清代，"四柱结算法"已成为系统反映王朝经济活动或私人经济活动全部过程的科学方式，成为中式会计方法的精髓。明末清初，随着手工业、商业的发达和资本主义经济关系的萌芽，我国商人进一步设计了"龙门账"，把会计科目分为"进""缴""存""该"（也就是收、付、资产、负债）四类，设总账进行"分类记录"并编制"进缴表"和"存该表"（也就是损益表和资产负债表），实行双轨计算盈亏。后来又出现了"四脚账"，对每一笔经济业务既记"来账"，又登记"去账"，反映同一笔业务的来龙去脉。"龙门账"和"四脚账"都是我国独有的复式记账方法，为后来发展复式记账做出了贡献。

由于我国长期的封建统治和半封建、半殖民地经济，我国会计工作的发展受到了很大的限制。到清朝后期，从日本引入借贷记账法，但仍存在"中式记账"和"西式记账"并存的局面，如当时的外国洋行、海关、铁路等部门推行借贷记账法，直至中华人民共和国成立以后，才逐步趋于统一。

中华人民共和国成立以后，我国会计得到很大发展。在初期统一了全国国营企业的会计制度，为会计工作打下了良好的基础。1961年以后，国务院颁布了一系列文件，如《国营企业会计核算工作规程》《会计人员职权试行条例》等，并召开了全国会计工作会议，调动了会计人员的积极性，健全了会计工作制度；1985年，《中华人民共和国会计法》公布，使我国会计工作进入法治时期；1990年12月31日，国务院颁布《总会计师条例》；1993年10月31日，第八届全国人民代表大会常务委员会第四次会议通过了《中华人民共和国注册会计师法》，确立了注册会计师制度；2007年1月1日实施《企业会计准则》，意味着我国会计工作走向国际化，与国际会计趋同；2014年，财政部正式修订了五项、新增了三项企业会计准则，发布了一项准则解释，并修改了《企业会计准则——基本准则》中关于公允价值计量的表述；2015年，《国务院关于积极推进"互联网+"行动的指导意见》颁布，标志着我国全面开启"互联网+"时代的大门，也给会计行业变革与发展带来前所未有的新功能，大数据、云计算、移动互联网等新兴技术促进信息资源进一步开放和共享，推动企业信息化进入新的阶段，促进财务共享服务的革新，同时，数据信息爆炸式涌现，也为会计带来新的挑战。

进入中世纪，西方经历了漫长的蒙昧时期，文艺复兴后，随着科学、文化、艺术、经济的繁荣发展，作为管理技能的会计进入了新的大发展时期。

1350年，意大利一家企业建立两套账簿分别反映对外交易活动和内部生产中心的成本数据，该企业的成本账簿被认为是成本会计的起源。1494年，意大利数学家卢卡·帕乔利出版《算术、几何、比与比例概要》（又称《数学大全》），对复式记账方法作了系统的概括和总结，被誉为会计发展史上里程碑式的经典文献。

1831年，英国议会颁布《破产法》，其中规定破产企业应按破产法庭的要求，提供会计账目，并对其真实性宣誓。1844年，英国议会颁布《股份公司法》，规定公司董事必须登记公司账簿，在定期结算的基础上，编制"详尽公允"的资产负债表。1903年，英国著名会计学家皮克斯利的著作《会计学》出版，该书被认为是西方会计学的奠基大作之一。1903年，英国著名会计学家迪克西的《高等会计学》出版，被会计学与会计史学界评价为奠定西方会计学基础的力作。

1917年，美国公众会计师协会发布了《统一会计》，1933年，美国颁布了《证券法》，会计学家利特尔顿出版的《1900年以前的会计发展史》一书，首次对20世纪以前会计发展历史进行系统研究，奠定了会计史学学科的基础；1934年美国颁布了《证券交易法》，把证券方面的监管委托给会计职业界；1966年，美国会计学会出版了《论会计基本理论》一书，明确指出："会计基本上是一个信息系统。"1973~2002年，美国财务会计准则委员会成立，对外发布的文件主要有财务会计准则公告、概念公告、解释书及技术公告，其后财务会计准则委员会和证券交易委员会相互合作，巩固了美国这种在官方支持和干预领导下由民间机构制定会计准则的体制。2002年7月，美国对上市公司的监管体制、会计准则的制定机制、会计职业界的监管体制进行结构性大改革。美国在2014年开始全面实施国际财务报告准则。

会计是应人类生产实践和经济管理的客观要求而产生和发展的，经济越发展，会计越重要，而且会更加完善。对于"数智会计"，可分为狭义的数智会计与广义的数智会计。狭义的数智会计是指将人工智能技术与财务管理进行有效融合，通过人工智能技术的使用，部分会计及财务工作变得自动化、智能化，一定程度上替代人工工作或者扩展人类的认知智能，从而开展管理支持工作。广义的数智会计是指将"大智移云物区"[①]+5G（七大关键技术）等新技术运用于财务工作，从而帮助企业实现财务管理的重构或者升级。

三、数智会计发展

（一）数智会计发展的背景及内涵

1. 发展背景

新时代下数智化的发展与创新将是企业未来的主导方向，党的十九届四中全会对国家治理体系和治理能力现代化进行全面部署，在整体上制定了国家治理现代化的发展战略，提出要更加重视运用互联网、大数据、人工智能等现代信息技术手段提升治理能力和治理现代化水平[②]。从这些政策中总结出的道理在企业中也同样适用，在企业生产经营中嵌入人工智能技术，实现企业会计财务体系的升级与拓展是现阶段数智化企业发展需要解决的问题。从硬件到操作系统再到软件，各个行业的格局都将发生变化，随着人工智能和PRA（robotic process automation，机器人流程自动化）在企业的日常工作中的深入，企业的核心已经完全由市场营销转向了管理服务。财务部门的角色也随之发生改变，它将成为企业的数据处理中心并且依托数字技术，把数智化会计应用于企业日常工作中，以此来促进企业的全面技术升级、管理提升和资源开发。战略要随之更新、管理经营要随之匹配，以数字化为标志，以智能化为特征的新一代科技革命已经到来，在企业会计管理系统中融合人工智能技术，可以广泛收集数据资料，精准同行竞争企业及用户在网络活动中的数据轨迹，进而使企业会计功能体系发掘出更深层次的信息，从而为企业战略决策部门提供更加科学合理的建议。人工智能技术的应用改变了数据的可用性并使财务体系的运营策略发生了巨大变化。传统财务管理模式已经不能满足企业业务发展的需要，企业必须进行改革，以适应时代发展要求。伴随着数智化RPA的发展，财务流程不断被简化，同时将流程机器人、人工智能、大数据、云计算等高新数智化技术应用在会计的日常工作中，会大幅度提高财务数据的准确度，最终使企业管理效率不断提高，为企业提供更加精准的服务。

财务作为企业管理职能中的核心职能，天生就承担着"信息加工"的职责，天生就是企业中掌握"数据"最丰富的领域。因此，数智会计转型成为众多大中型企业启动数智化转型的第一领域。在中国，由于财务部门在企业当中的特殊地位，以及中国企业信息化的特殊发展历程和习惯，数智会计逐渐开始成为企业数智化的引领及核心驱动力。企业数智化，数智会计先行，通过数智会计创新发展反向促进业务数智化创新成为很多大中型企业的共识。

2. 概念及内涵

数智会计是相对于传统会计而言的，更适应当下数字化和智能化时代的职业。数智

---

① 大智移云物区，指大数据、智能化、移动互联、云计算、物联网、区块链。
② 资料来源：https://www.gov.cn/zhengce/2019-11/05/content_5449023.htm。

会计人才是能够将现代信息技术融入传统会计行业的新型会计人才，应同时掌握传统会计行业的专业知识和计算机技术。

数智会计是会计与计算机学科相互渗透下的交叉学科。数智会计不仅注重会计学专业理论知识的学习，也注重财会人员对数据分析与技术创新应用的学习。基于大数据、云计算、移动互联网、人工智能、区块链等现代信息技术，培养具备国际视野和数智思维，熟悉会计理论与方法，掌握数智技术与会计的交叉融合知识，应用数智技术辅助会计实务、会计数据分析辅助决策工作的复合式应用型会计人才。

（二）数智会计的发展过程

中国企业的信息化经历了三个阶段：以部门级应用为代表的会计信息化时代，以企业级应用为核心的信息化时代[ERP（enterprise resource planning，企业资源计划）系统建设时代]，以及当前以社会级为目标的数字化、智能化时代。其中，财务与信息技术融合，也相应体现为三个阶段：会计信息化阶段、财务信息化阶段、会计数智化阶段。

会计信息化阶段：部门级应用。基本应用计算机实现了数据电子存储、账簿核算及会计报表生成。这一阶段，计算机取代会计人员的基础性工作，模仿人工账簿核算方式及流程，完成了财务会计账簿记录及报表生成工作。这一阶段，信息技术首次解放了大量的会计工作者，大幅度提高了会计工作的效率。

财务信息化阶段：企业级应用。企业的信息化不再局限于财务部门，而是扩展至所有生产经营及管理职能部门。在这一阶段，伴随企业 ERP 系统的建设及导入，财务与业务实现集成，财务信息化基于业财一体化模式开展。同时，财务信息化的范围也从财务会计领域拓展至资金管理领域、预算管理领域、成本核算领域等。

会计数智化阶段：社会级应用及协同。随着新一代信息技术的发展及成熟，如云计算的成熟及云计算基础设施的大规模建设、大数据技术的不断发展以及在 TOB（take over bid，股票公开买卖）领域的实践应用、人工智能技术的迭代升级、以 5G 为代表的新基建的全面启动、区块链的研究探索等，企业运营管理与新技术全面实现融合。在此背景下，财务管理与信息技术的融合，也从信息化时代开始升级到数智化时代。

财务信息化与会计数智化的区别，如表 1-1 所示。

表 1-1 财务信息化与会计数智化的区别

项目	财务信息化	会计数智化
系统驱动方式	流程驱动	数据驱动
搭建的信息系统特点	业务财务一体化（ERP） 以流程应用为主 数据与应用不可分离	前台+中台+后台 以数据治理、存储、加工、利用为主 数据与应用分离
信息技术应用的重点领域	基础财务流程处理 财务会计及报告 资金结算及资金池 财务预算 产品成本核算及管理 商旅及报账	管理会计 报告及决策支持 司库 产品全生命周期成本管理 共享服务中心

续表

项目	财务信息化	会计数智化
协同范围	企业内部	企业间+企业内，产业链，社会化
服务目标	流程高效处理 记账及报告 内控及风险 基础管理会计实践	建立数据中心 支持管理决策 深度及多样管理会计实践 内控风险 流程高效处理
企业价值	提高效率 提高会计数据的准确性 风险控制	支持商业创新 提供丰富的财务大数据或者企业大数据 风险控制

（三）影响数智会计发展的关键技术及应用现状

技术一直影响和改变着企业的商业模式和管理模式，从未停止过。目前我们身处的时代主要有七大技术，包括 5G（第五代移动通信技术）、移动互联网、云计算、大数据及在此基础上演化而来的人工智能、物联网和区块链。这七大技术为企业发展带来连接、协同、共享等一系列重要特性，从而催生了数字化商业或者社会化商业，在此商业模式下，数据成为企业的重要资产。会计数智化代表着上述七大关键技术与会计和财务管理的逐步融合，这不仅会大大提升企业的数据收集、加工和运用能力，使数据成为重要资产，而且会解决上一个技术时代企业会计与财务管理中遇到的很多困惑及核心问题，推动企业财务管理大发展。

由于七大技术的成熟程度不同，可应用于企业财务管理中的阶段也不同，下面对重点成熟技术及目前可应用的技术展开介绍和分析，并探讨其对会计和财务管理产生了怎样的重大改变。

1. 云计算技术奠定了新技术与财务融合的基础

对云计算的定义有多种说法。现阶段广为接受的是美国国家标准与技术研究院的定义：云计算是一种按使用量付费的模式，这种模式提供可用的、便捷的、按需的网络访问，进入可配置的计算资源共享池（资源包括网络、服务器、存储、应用软件、服务），这些资源能够被快速提供，只需投入很少的管理工作，或与服务供应商进行很少的交互。

云计算、大数据、人工智能三者有着紧密的联系。云计算设施上运算的、存储的就是大数据，而人工智能又是大数据应用的体现。因此，在七大技术中，云计算技术是一项基础技术，有了云计算技术及云计算产业的成熟发展，才能够支撑其他技术的产业转化，也才能真正将人们带入数智化时代。

云计算技术及产业的发展将企业的信息化时代由软件时代全面带入"云时代"，将企业数字设施部署模式由私有化部署模式带入"公有云租赁模式+专属云部署模式+混合云部署模式"时代，并将引导企业数字设施最终全面上云，由企业数智化时代升级为产业链、生态链数智化时代。

2. 公有云模式对财务管理的重大意义及助推

随着云计算的发展，如今几乎每个企业都在计划或正在使用云计算，但不是每个企业都使用相同类型的云模式。实际上有三种不同的云模式，包括公有云、私有云（或专属云）和混合云。目前来看，三种云模式各有优缺点，随着我国信息安全法律法规体系的建设、信息安全环境的健全，中小企业会逐步选择公有云模式，大型企业或超大型企业会逐步选择混合云模式或者公有云模式。

其中，公有云模式除了能够为企业提供经济、便利、弹性的数字化基础设施，还会为企业财务管理带来广泛的连接价值和意义，表现为以下几个方面。

1）基于公有云模式的银企联服务，助力企业高效资金管理及金融服务创新

伴随着时代的变迁，大型企业的现金管理经历了三个时代：1.0 时代——手工结算及管理时代；2.0 时代——银企直联时代；3.0 时代——基于公有云的银企联云服务时代。

在共享经济时代，随着公有云技术的成熟，基于公有云的银企联云服务应运而生。银企联云服务是以云计算的方式实现企业系统与多家银行系统的直联，一点接入实现企业银行账户的付款、余额查询、回单查询等功能的云服务。银企联云服务是企业或平台与金融机构或非金融机构的"桥梁"，将金融机构或非金融机构的金融产品进行接口和业务标准化后输出给客户，实现了企业一点接入就能完成对接各家金融机构和非金融机构的金融产品与金融服务。

3.0 时代的银企联云服务，推进企业作为经济主体，在云端与金融机构实现了连接，向社会化连接迈出了一大步。这为社会经济各方带来了如下价值：第一，以银企联云平台方式实现与各金融机构系统的云端直联，社会各企业、行政事业单位等均可享用这个接口及相应的金融科技服务，无须自行集成开发；第二，实时享受金融机构的最新金融服务产品和服务；第三，后续企业无须自己进行开发和维护，便可享用安全可靠的便捷服务。

伴随着 3.0 技术的发展成熟和服务场景探索，目前，企业可以在云端享受与金融机构直联后电子商业汇票的全流程应用及服务、票据池的建立与模式创新、基于企业交易数据分析的自动匹配理财及融资服务等。2020 年，新冠疫情的发生客观上促使银行等金融机构加大了金融科技发展力度及更多金融科技产品接口的开放等。随着金融科技的不断发展，金融机构及云服务提供商将会共同为企业提供更多的高价值金融服务。

2）金税四期促进企业向"智慧税务"方向变革

2021 年 3 月，中共中央办公厅、国务院办公厅印发《关于进一步深化税收征管改革的意见》，将"智慧税务"作为新发展阶段进一步深化税收征管改革的主要着力点。金税四期重点围绕智慧税务建设，以发票电子化改革为突破口，以税收大数据为驱动力，推动构建全量税费数据多维度、实时化归集、连接和聚合。

（1）通过税收数据智能归集和智效管理，实现税务执法过程可控、结果可评、违纪可查、责任可追，推动税务机关从"以票治税"到"以数治税"，实现精确执法和精准监管。

（2）通过税务数据智能归集和智敏监控，实现纳税人缴费人税收风险自我监测、自我识别、自我应对、自我防范，推动税费服务从被动遵从到自动遵从，实现依法纳税和精细服务。

（3）通过税务数据智能归集和智能展现，实现金融、海关、市场监管、公安、支付平台等其他涉税方数据共建、数据共享、数据协同、数据治理，推动相关政府部门基于税收法定义务提供涉税方信息，实现数字政府和税收共治。

智慧税务作为数字政府的有机组成部分，将统筹推进技术融合、业务融合、数据融合，构建高集成功能、高安全性能、高应用效能的智慧税务，开启税收治理现代化建设的新征程。

3）云端商旅及报账系统，推动企业商旅采购及费用管理透明化

伴随云计算技术的发展及公有云场景的丰富化，企业不仅可以享受SaaS（software-as-a-service，软件即服务）服务，在"报账云"上开展对私对公报账的全数字化流程操作及管理，而且可以享受商旅云采购的BaaS（backend as a service，后端即服务）服务，可以在云端直接查询多家商旅供应商的相关产品，并按需自助下单采购，后续实现与报账云的自动数据传输和报销入账。

商旅及报账云服务，是云计算技术下企业报账平台、社会化的商旅采购平台、商旅产品服务商的数字化平台，多方基于公有云的直联从而给企业管理带来巨大进步和改变，也是一种社会级的连接和共享所创造的价值，但这在软件技术时代私有化部署模式下很难实现。

在公有云时代，当上述三类服务商的系统均部署在公有云端时，三类厂商的系统便可在低成本情况下快速实现一次性连接后，共享给几万家大中型企业进行应用，从而帮助企业实现从商旅采购到商旅报销入账、结算全流程的不落地运行及管理，为企业创造价值。

4）核心企业与产业链上下游在云端高效协同

企业的日常财务处理工作，不仅包含核算，还包含结算，其中结算工作又分为三步——对账、清算、交收。对于集团型企业来说，尤其是制造、消费品、物流、零售等行业企业，其应收应付结算业务量庞大，且涉及企业的上下游，贯穿企业采购、销售等业务部门，影响企业集团的现金流，关系到企业的生存和发展。因此，如何快速、高效、精准、便捷地开展应收应付的日常结算业务，是很多大型企业共享服务中心思考和提升的重点方向。

近几年伴随着集团企业建设及运行共享服务中心，很多共享服务中心将全集团的应收应付业务承接，并以共享服务的模式开展流程服务和结算服务。在共享服务模式下，全集团的往来业务处理、结算、核算工作集中，更加凸显了财务工作人员面对庞大往来业务量的工作负荷和压力，因此，共享服务中心更加积极地探索和尝试利用新技术、建设新的数字化平台、调整业务流程和转换思维，以一种全新的方式开展上述财务处理工作。

搭建基于专属云或者公有云的"结算服务平台"，成为很多集团企业共享服务中心的首选方案。这种搭建产业链协同结算服务平台的实践，也是未来大量企业数字化设施走

向云端后可以实现的社会化链接给企业财务管理工作带来的改变与价值。

3. 云原生微服务架构数字化系统的魅力

伴随着云计算技术的发展，全新一代的软件开发应用方式——"云原生"方式逐渐成熟，并且成为新一代软件开发应用方式的主流。云+原生，云即云计算，原生则是摒弃传统的运维开发框架，通过容器化、Devops及微服务架构实现应用弹性伸缩和自动化部署，充分利用云计算资源实现在最少的空间里做最大的事。

作为一种全新的软件开发及IT（internet technology，互联网技术）应用模式，云原生技术将持续驱动企业数智化转型，使企业由传统IT应用时代进入云原生应用时代。IDC（Internet Data Center，互联网数据中心）的研究报告显示：到2023年，75%的企业IT支出将用于第三代平台技术，逾90%的企业会建立"数字化原生"IT环境，在数字经济中快速增长。

4. 大数据技术会真正释放会计与财务的潜能

"大数据"这个新技术已经在影响人类的生活与生产，特别是人类的生活。21世纪前20年，一批新兴互联网公司兴起，这些公司采用互联网技术和全新的服务体验改变了人类消费、生活的模式，使人们的采购、生活消费、沟通社交等全面"线上化"，因此，互联网公司得以在云端积累海量的消费者数据，并基于这些生活的大数据开展了一系列数字化营销及客户精准服务。

未来10年，大数据将对生产及经济活动产生深远的影响。企业及政府都在高度关注大数据，开始积累大数据，并着手研究数据的资产化及数据的开发利用。大数据包括结构化、半结构化和非结构化数据，并且从趋势来看，非结构化数据越来越成为数据的主要部分。

但是，对于企业来说，大数据是一个长期积累的过程，现在谈到的"大数据"是一个相对概念。从企业经营管理的数据要求来看，未来主要是把企业经济活动运行过程中大量的经济数据、业务数据、生产数据等积累起来，进行数据治理，并有效使用这些数据开展经营分析、商业模式变革支持、客户精准服务、决策支持分析。

（四）数智会计对企业管理及发展的影响

1. 企业对数智会计的技能要求

（1）熟悉国际会计规则和会计相关数智技术，掌握数智技术与会计交叉融合的知识及相关经济、管理、法律等方面的知识；

（2）熟练运用各种财务操作软件完成填制会计凭证、编制财务报表、进行财务预算等企业全部财务流程；

（3）灵活运用数据挖掘、数据分析工具对企业相关财务数据进行分析，为管理决策提供支持；

（4）能够利用所学知识优化会计业务处理流程，创新会计业务处理、财务分析等技术手段，成为兼具会计学及计算机专业知识的复合型人才。

2. 数智会计对企业管理和发展的影响

1）数智会计有利于提高企业财务分析的信息质量

在数智化时代，会计部门职能角色发生改变，通过大数据数字化技术融入企业的财务管理工作中，进行有效的财务分析。除此之外，数据的可视化可以大大缩短企业决策者对数据的理解时间，拓宽企业决策者的数据视野，让企业管理层充分了解企业当前的盈利和债务能力，为企业决策者提供清晰的战略思路，从而对企业发展做出更加精确的领导。运用数智化技术体系也可以快速帮助企业找出发展中潜在的风险点，评估出资本结构的优缺点，帮助企业做到以最低的风险和最健全的财务状况来赢取最大的利润，以此加强成本内部的管控力度，做到精准地服务于企业和实现企业的可持续发展。因此企业的数智化会计可以应用数字化技术手段，这将更加清晰明了地帮助企业反映当期的经营情况和财务状况。

财务人员手工处理财务信息时，为保证信息的可靠性，需要耗费大量时间成本和人力资源。财务分析信息的质量依赖于收集信息的覆盖度和准确度。不同的财务人员对财务分析信息的敏感程度不同，对信息的处理偏好也不同，在处理和分析信息的过程中，容易剔除真正能对企业造成影响的信息，降低了财务分析信息的相关性。会计数智化基于大数据、云计算等数字化计算处理技术，在信息处理方面降低了财务工作者在庞大的数据信息中提取有效信息的难度，在此基础上保证了信息的全面性和准确性，比起财务人员手工处理的财务分析信息，相关性、及时性和完整性都能得到大幅度提升，辅助财务人员对海量数据进行分析处理，为企业经营提供可靠的信息支撑。

2）数智会计有利于提高企业的内控效率

首先，企业会计在监督数据方面，应用技术化可以为各管理政策的制定提供更加精准的支持。在企业绩效管理工作中，监管人员的工作应分事前、事中和事后三个阶段进行，应用数智化技术将使监管人员的工作得到大幅度的简化，利用数据来考核、追踪员工的日常工作，能够做到更加公正、严格、精确。其次，数智化在企业内部的应用也可以提高队伍的道德素养与职业操守，实现严格的内控体系，帮助企业提高绩效考核效率。最后，运用数智化技术，使绩效考核结果实现公开透明化，以此来提高企业绩效考核的合理性和有效性。

3）数智会计有助于重构企业的业务管理模式

会计数智化是将互联网、大数据、云计算等技术融入企业财务系统之后的一种智能化信息平台。基于大数据、云计算的数字智能财务平台，给传统企业业务处理模式带来了颠覆性的变化。数智会计深入强化企业流程管理，以业务管理为核心，促进不同环节对接，实现企业财务的深度一体化。在智能会计系统模式下，业务处理流程更加标准化、同质化，业务的处理实现高度自动化、智能化。脱离机械性工作后，财务人员的管理重心可向战略规划、分析决策、风险管理等方向转变。

（五）未来数智会计发展趋势

伴随着第四次科技浪潮的到来，人类社会已进入以人工智能、量子技术、万物互联为代表的"数智时代"。在这个时代，经济场景、经济模式、经济业态都会发生根本性变化。传统会计中流程性和高重复性的工作势必将由数智功能来完成，未来数智会计趋势是平台化、数字化、数据赋能。具体表现为以下三个方面。

1. 会计和管理会计的分立将向一体化转型

在传统的会计理论和会计实践中，会计和管理会计有着较为严格的区分，其中，会计侧重于对外报告，管理会计侧重于对内报告，两者在职能目标、会计主体、核算依据、资料时效、精确程度、编报时间和法律效力等方面均有不同。但是，随着人工智能和大数据技术的发展，一方面，会计工作中那些规则明确的程序性的工作将由人工智能来完成，智能化程序可以在几分钟以内完成财务人员几十分钟乃至几个小时才能完成的基础工作，而且智能化程序可以在零差错的前提下实现7天24小时不间断工作，这势必会极大地解放传统会计岗位中的会计人员。另一方面，企业的精细化管理又要求会计人员把更多的精力投入到流程再造和价值管理中去，不断强化会计的管理职能，加强管理会计在企业实践中的推广和应用。

从数字经济的视角看，在管理会计和会计一体化的进程中，我国管理会计现阶段急需确立数据资产的意识，着力打造合法可靠的数据基础，建立企业的数字治理体系，加强数据标准管理、数据质量管理和数据安全管理等相关工作。

2. 基于业财深度一体化构建智能财务共享平台

数智会计将向业财融合的方向发展。在传统的会计理论和会计实践中，会计是反映性的，会计是一面镜子，是对企事业单位各类业务活动过程和结果的反映。随着人工智能和大数据时代的到来，会计已经不再仅仅是反映性的，而越来越多地呈现出与业务高度融合的特征。基于业财深度一体化构建智能财务共享平台，能够实现财务数据与业务数据的连接，颠覆传统的财务核算模式，取消报账、报销等流程，实现业财一体化。

智能财务共享平台通过办公平台实现与企业上下游客户之间的对接，并通过电子发票实现税务与交易的关联，对财务数据处理流程及交易流程进行重构，企业的日常采购可以通过线上统一支付、统一结算，交易过程实现透明化与自动化。在智能财务共享平台基础上，附加值低的环节都由系统自动处理。如图1-2所示。

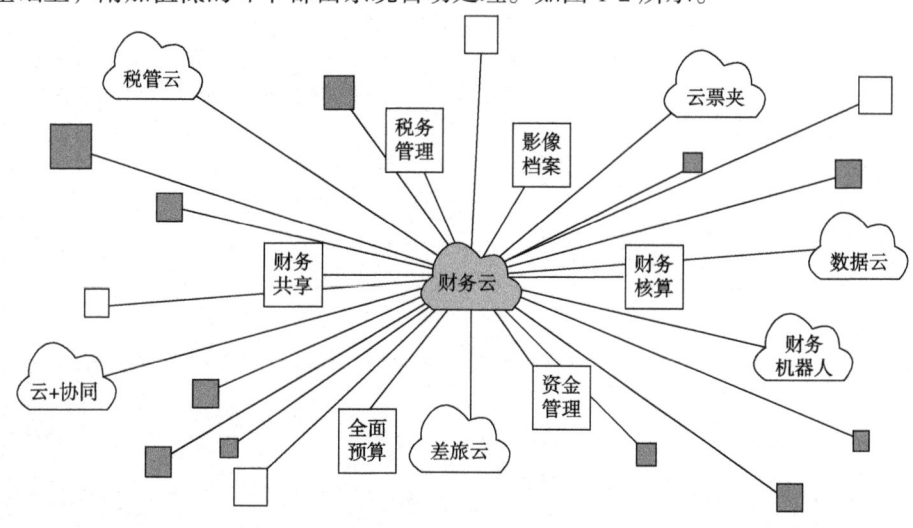

图1-2 财务云应用

3. 向智能决策型会计转变

在会计和管理会计的基础上，融合多技术、多学科和多思维，创建提升出更高级的管理方式。将传统的核算反映型会计从工作重点、管理模式、价值层次、工作内容与方向、服务对象、参与部门等多维度向智能决策型会计转变，为企业经营服务。智能财务决策支持系统使用数据标准化、数据挖掘和平行管理等工具对数据进行分析和处理，使业务数据和经济数据成为"智能决策者"的脑细胞，自主智能地形成实时有效的决策支持建议，让流程控制和财务管理更加个性化。智能财务决策支持系统通过动态规划与平行管理，使财务预测更准确、财务决策更科学、财务预算更贴近实际、财务控制更到位、财务分析更透彻、财务管理更全面，是数智会计实现全方位发展的必然趋势。

复习思考题

1. 简述数智会计的基本特征。
2. 建立企业的数字治理体系需要加强哪些工作？
3. 简述数智会计职能。

第二章 会计循环

本章主要介绍会计循环的基本前提、基础工作、基本方法和会计循环中应遵循的原则。

会计循环是指会计通过一定的步骤和程序，把复杂多样的日常经济业务经过分类、归集，最终概括出简明扼要的，为企业管理和外部各方需要的财务会计报告的过程。由于这一过程随着企业经营活动的持续开展周而复始地不断进行，人们把这些会计过程称为会计循环。

会计循环有前提条件（又称基本假设），包括会计主体、持续经营、会计分期和货币计量。会计循环必须在这些前提条件下进行，没有这些前提条件，会计循环就不能进行。

会计循环的核算应以权责发生制为基础。

会计循环中采用一系列的方法：设置账户、复式记账、填制和审核会计凭证、登记账簿、成本计算、财产清查及编制财务会计报告等。

在会计循环过程中应遵循一定的原则，这些原则对会计信息进行了一系列的规范，进一步保证了会计循环中会计信息的质量。

【重要概念】 会计循环 前提条件 记账基础 会计信息质量

第一节 会计循环的前提条件和基础工作

一、会计循环的前提条件

数智会计是通过确认、计量和报告对社会再生产过程中资金运动进行核算和控制的一种管理手段。生产与经济活动的复杂性，决定了资金运动也必然是多层次、多步骤的复杂过程。会计是随着生产和管理的需要而产生和发展起来的，因此必须对会计核算和控制的空间范围、时间界限、会计对象及计量手段等加以限定。会计只能在一定的环境中，运用一定的工具，对一定的对象进行核算和控制。一定的环境既包括社会与经济条件，尤其是在市场经济条件下的环境，也包括时间和空间范围的环境；一定的对象是指在一定的环境条件下的经济活动。因此，在进行会计循环时，首先应明确会计循环的前提条件。

会计循环的前提条件包括：会计主体、持续经营、会计分期和货币计量。

（一）会计主体

数智会计的会计主体又称会计实体、会计个体，它是指会计人员所核算和监督的特定单位，是企业进行会计确认、计量和报告的空间范围。会计主体的前提要求会计人员只能核算和监督所在主体的经济活动。

这一基本前提的主要意义在于：一是将特定主体的经济活动与该主体所有者及职工个人的经济活动区别开来，如投资人又投资其他企业，职工个人购买电视机；二是将该主体的经济活动与其他主体的经济活动区别开来，从而界定了从事会计工作和提供会计信息的空间范围，同时说明某会计主体的会计信息仅与该会计主体的整体活动和成果相关。应该注意的是，会计主体与法律主体并非对等概念，法人可以是会计主体，但会计主体不一定是法人。

例如，由自然人创办的独资与合伙企业不具有法人资格，这类企业的财产和债务在法律上被视为业主或合伙人的个人财产和债务，但在会计核算上必须将其作为会计主体，以便将企业的经济活动与其所有个人的经济活动及其他实体的经济活动区别开来。企业集团由若干具有法人资格的企业组成，各个企业既是独立的会计主体也是法律主体，但为了反映整个集团的财务状况、经营成果及现金流量情况，还应编制集团的合并财务会计报告，企业集团是会计主体但通常不是一个独立的法人。例如，在网上注册的各个公司及网店因需要独立核算也是会计主体；基金公司是会计主体，也是法律主体，基金公司发行的各只基金不是法律主体，却是会计主体。

（二）持续经营

数智会计的持续经营是指会计主体在可预见的未来，将根据正常的经营方针和既定的经营目标持续经营下去，即在可预见的未来，该会计主体不会破产清算，所持有的资产将正常营运，所负有的债务将正常偿还。企业的确认、计量和报告必须以持续经营为前提。

这一基本前提的主要意义在于：它可使会计确认、计量建立在非清算基础之上，从而为解决很多常见的资产与收益的确认和计量问题奠定基础。当然，任何企业都存在破产的可能性，一旦进入破产清算，持续经营基础将被清算基础取代，从而使这一前提不复存在，但这并不会影响持续经营前提在大多数正常经营企业的会计核算中发挥作用。例如，A公司合并B公司，B公司失去法人资格，需要进行清算工作，A公司合并后如果按照既定方针和既定目标，就仍是持续经营。但如果方针和目标变化了，就是非持续经营。

（三）会计分期

数智会计的会计分期是根据持续经营的基本前提设置的，企业的生产经营活动将持续不断地经营下去。为了及时获得会计信息，充分发挥会计的核算和监督职能，应合理地划分会计期间，即进行会计分期。会计分期，就是将企业的经营活动人为地划分为若干个相等的时间间隔，以便确认某个会计期间的收入、费用、利润，确认某个会计期末的资产、负债、所有者权益，编制财务会计报告。根据《企业会计准则》的规定，会计期间分为年度和中期。中期是指短于一个完整的会计年度的报告期间。年度和中期均按公历起讫日期确定。这一基本前提的主要意义在于：界定了会计信息的时间段落，为分期结算账目和编制财务会计报告提供了便利；为贯彻落实客观性原则、可比性原则、相关性原则、及时性原则、清晰性原则、实质重于形式原则、重要性原则及谨慎性原则等奠定了理论与实务基础，由于会计分期，才产生了当期与以前期间、以后期间的差别，出现了权责发生制和收付实现制的区别，使不同类型的会计主体有了记账的基准。

会计期间分为年度和中期，在持续经营条件下我国的会计年度采用公历年度，有些国家采用10月制、2月制等，国际会计准则采用的会计期间为7月1日至第二年6月30日。

会计分期的目的在于通过会计期间的划分，将持续经营的生产经营活动划分成连续、相等的期间，据以结算盈亏，按期编报财务报告，从而及时向财务报告使用者提供企业财务状况、经营成果和现金流量的有关信息。

（四）货币计量

对数智会计来说，企业的经济活动千差万别，财产物资种类繁多，选择合理、实用又简化的计量单位，对于提高会计信息质量具有至关重要的作用。《企业会计准则》规定，企业会计应当以货币计量。货币计量，是指会计主体在会计确认、计量和报告时以货币作为统一的计量单位，以反映会计主体的生产经营活动。

上述会计核算的四项基本前提具有相互依存、相互补充的关系。会计主体确立了会计核算的空间范围，持续经营与会计分期确立会计核算的时间长度，货币计量则为会计核算提供了必要的手段。没有会计主体，就没有持续经营；没有持续经营，就不会有会计分期；没有货币计量，就不会有现代会计。

二、会计循环的基础工作

《企业会计准则》规定：企业应当以权责发生制为基础进行会计确认、计量和报告。

权责发生制要求：凡属于本期已经实现的收入和已经发生或应当负担的费用，无论款项是否收付，均应作为当期的收入与费用；凡不属于本期的收入和费用，即使款项已经收付，也不应作为当期的收入与费用。有时企业发生的货币收支业务与交易或事项本身并不完全一致。例如，货款已经收到，但销售并未实现；或者销售已经实现，但货款并未收到；等等。为了明确会计核算的确认基础，更真实地反映特定会计期间的财务状况和经营成果，就要求企业在会计核算过程中应当以权责发生制为基础。

收付实现制是与权责发生制相对应的一种确认基础，它是以收到或支付现金作为确认收入和费用的依据。目前，我国行政单位采用收付实现制，事业单位除经营业务采用权责发生制外，其他业务也采用收付实现制。

第二节 会计循环的基本方法

为了保证会计核算的连续性、系统性、全面性和综合性，必须采用一系列具有内在联系的、相互配合的专门方法。相互配合地应用这些方法，使之形成一个严密、科学、有条不紊的会计循环，来反映和控制会计对象，执行会计职能，实现会计目标。会计循环中使用的会计方法有很多，如分析方法、检查方法、预测方法等，这里所说的专门方法，指会计核算的基本方法，主要包括以下七种。

一、设置账户

设置账户是对会计对象的具体内容进行归类、反映和控制的一种专门方法。企业经济活动是会计核算和控制的对象，其种类繁多，千变万化。为了分门别类地反映企业经济活动，就要设置不同的账户，确定其反映和控制的具体范围，以便向信息使用人及时提供各种会计信息。

二、复式记账

复式记账是指对每一项经济业务都要同时在两个或两个以上相互联系的账户中以相等的金额进行登记的一种记账方法。在企业、事业单位的资金运动过程中，任何一种经济业务都会引起资金的双重（或多重）变化。采用复式记账方法，可以如实、全面、完整地反映资金运动的来龙去脉和增减变化情况，也便于检查账户记录的正确性，因而能全面核算和控制企业、事业单位的经济活动。

三、填制和审核会计凭证

会计凭证是记录经济业务、明确经济责任、作为记账依据的书面证明。填制和审核会计凭证是保证会计信息的真实性、合法性和正确性的一种方法。企业、事业单位的资金运动是由具体的经济业务构成的，会计对于资金运动的核算和控制，也必须通过对每一项经济业务的核算和控制来进行。企业办理一切会计事项都必须以合法的会计凭证为依据，所有的会计凭证都要经过审核无误才可据以记账。通过对会计凭证的填制和审核，可以为会计记录提供完整、真实的资料，同时可以对企业、事业单位的经济活动进行经常性的、有效的控制。

四、登记账簿

账簿是由具有一定格式的账页组成，用来记录各项经济业务的簿籍。登记账簿是根据会计凭证，运用复式记账的方法，在账簿上全面、系统、连续、综合地记录经济业务的一种专门方法。设置必要的账簿，按一定的方法和程序进行登记，并定期进行对账和结账，就可提供完整、系统的会计核算资料和会计信息。

五、成本计算

成本计算是按一定对象归集各个经营过程中所发生的费用，从而计算各个成本计算对象的总成本和单位成本的一种专门方法。为考核企业生产经营活动过程中各个阶段的费用和支出，寻求降低成本和节约支出的途径，需要把各个阶段发生的费用、支出按一定对象和标准加以归集和分配。这种专门方法主要为企业会计所采用。采用这种方法，有利于企业全面而具体地核算和控制各个经营过程中的费用支出情况，对加强成本管理和经济核算、挖掘潜力、实现增产节约、提高经济效益具有重要作用。

六、财产清查

财产清查是通过对各项财产物资、货币资金进行实物盘点，对银行存款和应收、应付款项查核，并与账面核对，以查明财产物资实有数的一种专门方法。通过定期或不定期的财产清查，可以查明各项财产物资、债权债务的实有数，可以保证账实相符，还可以防止各种材料物资的积压、毁损和防止应收、应付款项的长期拖欠不清，有利于加强财产物资管理和正确编制财务会计报告，提高资金使用效率，保证会计核算与会计信息的质量。

七、编制财务会计报告

编制财务会计报告是根据账簿的记录，定期以书面报告的形式，系统、全面地反映和总结企业、事业单位经济活动情况及其结果的一种专门方法。财务会计报告是根据日常会计核算资料归集、加工、汇总编制而成的一个完整的报告体系，用以反映企业的资产、负债和所有者权益情况以及一定期间的经营成果和现金流量的信息。编制财务会计报告，可反映企业的财务状况和经营盈利水平，向企业经营决策层和外部信息使用人提供财务会计信息，是会计反映职能的具体体现，也是会计参与经济管理的重要方面。

数智会计的会计核算方法是一个完整的方法体系，具有显著的连续性特点。会计核算方法的连续性，是指各种会计核算方法之间存在内在的联系，并且各种方法的运用按一定的顺序进行。一般来说，发生每项经济业务都要首先填制和审核会计凭证，然后再按规定的账户采用复式记账方法，登记在有关的账簿中。月终，根据账簿的记录，运用成本计算的方法计算产品成本，进行财产清查，并在账实相符和账簿记录准确无误的基础上，于每个会计期间终了时进行结账，并按规定编制财务会计报告。最后，将财务会计报告和其他有关资料进行分析对比，可以发现管理中存在的问题并及时查找原因，采取相应措施，加强和提高管理水平，以便获取最佳的经济效益。

上述七种会计核算方法之间的相互联系，如图2-1所示。

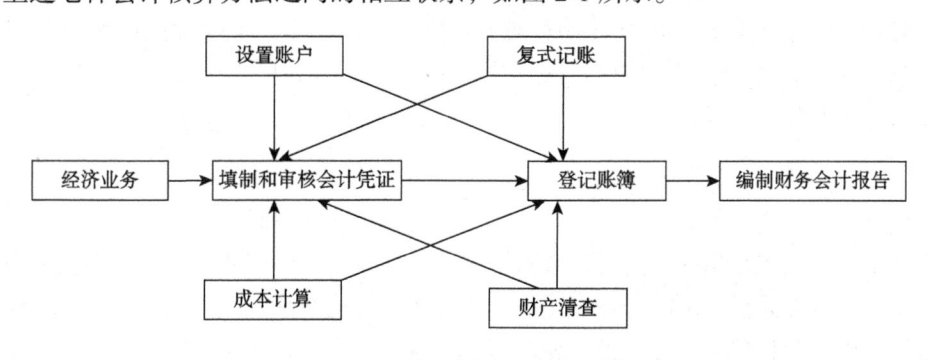

图2-1 会计核算方法的关系图

上述各种方法是会计核算的基本方法，但会计在实际工作中为完成任务，尤其是实现参与经济预测和决策的职能时，还需采用一些其他的方法，如对比分析方法、因素分析方法、直线回归方法、数学模型方法等。

第三节 会计循环中会计信息质量要求

会计的主要作用是为会计信息使用者提供有用的信息。会计信息质量要求是对企业财务会计报告中所提供会计信息的基本要求，为保证会计信息的质量，必须对会计信息的记录、核算、汇总及编制报告等过程制定一系列行为规范。《企业会计准则》中关于会计信息质量的要求包括：可靠性、相关性、可理解性、可比性、实质重于形式、重要性、谨慎性和及时性等。

一、可靠性

可靠性要求是指企业应当以实际发生的交易或事项为依据进行会计确认、计量和报告，如实反映符合确认和计量要求的各项会计要素及其他相关信息，保证会计信息真实可靠、内容完整。

会计必须根据审核无误的原始凭证，采用特定的专门方法进行记账、算账、报账，保证所提供的会计信息内容完整、真实可靠。如果会计核算不是以实际发生的交易或事项为依据，为使用者提供的就是虚假的会计信息，会误导信息使用者，使之作出错误的决策。

二、相关性

相关性要求企业提供的会计信息应当与财务会计报告使用者的经济决策需要相关，有助于财务会计报告使用者对企业过去、现在或未来的情况作出评价或预测。因此应采用适当的会计核算方法为有关方面的决策提供有用的信息。

三、可理解性

可理解性要求企业提供的会计信息应当清晰明了，便于财务会计报告使用者理解和使用。财务会计报告的信息使用人只有理解了财务会计报告所提供的会计信息，才能真正实现会计的目标。

四、可比性

可比性要求有两层含义：对同一企业来说，同一企业不同时期发生的相同或者相似的交易或者事项，应当采用一致的会计政策，不得随意变更，确需变更的，应当在附注中说明；对于不同企业来说，不同企业发生的相同或者相似的交易或者事项，应当采用规定的会计政策，确保会计信息口径一致、相互可比。这一原则规定便于纵向上对同一企业前后各期的会计信息进行比较和分析，从而有利于预测企业的未来发展趋势，便于横向上对同一期间不同企业的会计信息进行相互比较和分析，为有关决策提供可比的信息。

五、实质重于形式

实质重于形式要求企业应当按照交易或事项的经济实质去确认、计量和报告，不应仅仅以交易或者事项的法律形式为依据。因为在实际生活中，交易或事项的外在法律形式并不总能完全真实地反映其经济实质。为了使会计信息能更加真实地反映客观的经济生活，就必须依据交易或事项的实质和经济事实，而不能仅仅根据它们的法律形式进行核算和监督。

例如，融资租入固定资产，在租期未满以前，虽然从法律形式来讲，承租方并不拥有融资租入固定资产的所有权，但在租赁期内承租方能行使对该固定资产的控制权，并能为企业带来经济利益的流入，因此会计核算上承租方将其视同自有的固定资产进行核算。

六、重要性

重要性要求企业提供的会计信息应当反映与企业财务状况、经营成果和现金流量等有关的所有重要交易或者事项。在进行会计核算时，应当区别交易或事项的重要程度采用不同的核算方式。对资产、负债、损益等有较大影响，进而影响财务会计报告使用者据以作出合理判断的重要的交易或事项，必须按规定的会计方法和程序进行处理，并在财务会计报告中予以充分、准确的披露；对于次要的交易或事项，在不影响会计信息真实性和不至于误导财务会计报告使用者的前提下，可适当简化处理，以节省提供会计信息的成本。

七、谨慎性

谨慎性要求企业对交易或者事项进行会计确认、计量和报告应当保持应有的谨慎，不应高估资产或者收益、低估负债或者费用。市场经济环境下，企业的生产经营活动面临许多不确定的因素，企业在进行职业判断时，应保持应有的谨慎，充分估计各种风险和损失。

例如，要求企业对可能发生的资产减值损失计提资产减值准备、对售出商品可能发生的保修义务确认预计负债、对应收账款计提坏账准备，都体现了谨慎性的要求。

八、及时性

及时性要求企业对已经发生的交易或者事项应当及时进行会计确认、计量和报告，不得提前或者延后。会计信息除了必须保证其真实性、可靠性外，还应保证信息的时效性。不及时的信息将使其有用性大打折扣，甚至毫无价值。因此会计核算中必须做到及时记账、算账、报账。

复习思考题

1. 什么是数智会计的会计循环？请简述。
2. 会计循环的前提条件包括哪些内容？
3. 会计循环的基本方法包括哪些内容？各种方法之间是什么关系？
4. 权责发生制和收付实现制有何区别？
5. 企业财务会计报告中提供的会计信息应当具备哪些质量要求？这些质量要求的具

体含义是什么？

6. 会计信息质量的可靠性与相关性是否存在矛盾？为什么？

7. 会计信息质量的可比性包含哪些内容？

8. 如何判断会计信息的重要性？

第三章 会计要素及会计恒等式

本章介绍会计六要素及六要素之间的相互关系。

会计要素是对会计核算对象的基本分类，是设定会计报表结构和内容的依据，是进行会计确认和计量的依据。

反映企业财务状况的会计要素包括：资产、负债和所有者权益；反映企业经营成果的会计要素包括：收入、费用和利润。

会计要素确认后，必须按照一定的方法计量。

会计要素之间不是相互独立的，存在一定的数量联系。会计要素之间的这种联系，最基本的关系式为：资产=负债+所有者权益。这个等式就是会计恒等式。

【重要概念】 会计要素 确认 计量 会计恒等式

第一节 会计要素

会计要素是根据交易或者事项的经济特征所确定的财务会计对象的基本分类。会计要素按照其性质分为资产、负债、所有者权益、收入、费用和利润。其中，资产、负债和所有者权益要素侧重于反映企业的财务状况，收入、费用和利润要素侧重于反映企业的经营成果。

一、财务状况类要素

（一）资产

1. 资产的定义

资产是指由于过去的交易或事项形成的、由企业拥有或者控制的、预期会给企业带来经济利益的资源。从定义可以看出，它具有以下特征。

（1）资产是企业拥有或者控制的资源。由企业拥有或者控制是指享有某项资源的所有权，或者虽然不享有某项资源的所有权，但该资源能被企业所控制。例如，租赁的资产，该资产所有权归出租方，但该资产使用期为10年，承租人租了9年，这9年的风险和报酬都由承租方承担，承租方拥有资产的控制权，就是承租方的资产。资源强调的是稀缺和有价值，如空气、阳光就不是资产，再如，人是资源，但不能用货币计量。

（2）资产预期会给企业带来经济利益。也就是资产预期会给企业带来经济资源的流入。未来经济利益是指直接或间接导致现金或现金等价物流入企业的潜力。资产导致经济利益流入企业的方式有很多，如以资产交换其他资产、以资产偿还债务、销售商品收回货款等。

（3）资产是由过去的交易或事项形成的。资产必须是现实的资产，而不能是预期资产，是过去已经发生的交易或事项所产生的结果。企业过去的交易或者事项包括购买、生产、建造行为或者其他交易或事项。至于未来或者即将发生而还未发生的交易或事项不能形成企业的资产，不得作为资产确认。例如，企业有购买某项存货的意愿，但尚未发生购买行为，因不符合资产的定义，所以不能确认为存货资产。

2. 资产的确认条件

符合资产的定义同时满足以下条件时，才能确认为资产：

（1）与该资源有关的经济利益很可能流入企业，很可能指大于50%；

（2）该资源的成本或者价值能够可靠地计量，用货币计量。

符合资产定义和资产确认条件的项目，应当列入资产负债表。符合资产定义，但不符合资产确认条件的项目，不应当列入资产负债表。

3. 资产的分类及包括的内容

资产按流动性不同分为流动资产和非流动资产。

流动资产，是指能在一年或超过一年的一个营业周期内变现、出售或耗用的资产，如货币资金、应收账款、应收票据、预付账款、应收利息、应收股利、其他应收款等。

非流动资产，是指不能在一年或者超过一年的一个营业周期内变现或者耗用的资产。非流动资产是指流动资产以外的资产，主要包括持有到期投资、长期应收款、长期股权投资、工程物资、投资性房地产、固定资产、在建工程、无形资产、长期待摊费用、可供出售金融资产等。

（二）负债

1. 负债的定义

负债是指企业过去的交易或者事项形成的、预期会导致经济利益流出企业的现时义务。它具有以下特征。

1）负债是企业承担的现时义务

现时义务是指企业在现行条件下已承担的义务，确切地说是法律法规约定的义务或者推定义务。未来发生的交易或者事项形成的义务，不属于现时义务，不应当确认为负债。例如，企业从银行贷款就需要按贷款合同偿还，因而承担了现时义务，没有贷款就没有现时义务；购入商品未付款就需要按购货合同承担现时义务，已付款就没有付款的现时义务。

2）负债的清偿预期会导致经济利益流出企业

负债的清偿会直接或间接地导致经济利益流出企业，如用现金偿还债务。

3）负债是由过去的交易或事项形成的

负债的产生都是由过去的交易或事项形成的，未来发生的交易或事项不应确认为负债。例如，企业按购货合同三个月后购进的原材料，虽然未付款但不构成企业现在的负债。

2. 负债的确认条件

符合负债的定义同时满足以下条件时，才能确认为负债：

（1）与该义务有关的经济利益很可能流出企业；

（2）未来流出的经济利益的金额能够可靠地计量。

符合负债定义和负债确认条件的项目，应当列入资产负债表；符合负债定义，但不符合负债确认条件的项目，不应当列入资产负债表。

3. 负债的分类及包含的内容

1）流动负债

流动负债是指在一年或者一年以内的一个营业周期内偿还的债务。流动负债包括：短期借款、应付账款、应付票据、应付工资、应付福利费、应交税费、应付股利、其他应付款等。

2）非流动负债

非流动负债又称长期负债，是指偿还期在一年以上的债务。非流动负债主要包括长期借款、应付债券和长期应付款等。

（三）所有者权益

1. 所有者权益的定义

所有者权益是指企业资产扣除负债后由所有者享有的剩余权益。公司的所有者权益又称为股东权益。它具有以下特征：

（1）除非发生减资、清算，企业不需要偿还所有者权益；

（2）企业清算时，只有在偿还所有的负债后，所有者权益才返还给所有者；

（3）所有者凭借所有者权益能够参与利润的分配。

2. 所有者权益的来源构成

所有者权益按来源主要包括所有者投入资本、直接计入所有者权益的利得和损失、留存收益等。通常由股本（或实收资本）、资本公积（含股本溢价或资本溢价、其他资本公积）、其他综合收益、盈余公积和未分配利润等构成。

所有者投入资本是指所有者投入企业的资本部分，包括股本（也就是实收资本）和股本溢价。

直接计入所有者权益的利得和损失是指不应计入当期损益、会导致所有者权益发生增减变动的、与所有者投入资本或者向所有者分配利润无关的利得或者损失。其中，利得是指由企业非日常活动所形成的、会导致所有者权益增加的、与所有者投入资本无关的经济利益流入；损失是指由企业非日常活动所形成的、会导致所有者权益减少的、与向所有者分配利润无关的经济利益流出。

留存收益是企业历年实现的净利润留存于企业的部分，主要包括盈余公积和未分配利润。

3. 所有者权益的确认条件

数智会计所有者权益是企业资产扣除负债后由所有者享有的剩余权益，因此，所有者权益的确认和计量主要依赖于资产和负债的确认和计量。例如，企业接受投资者投入的资产，在该资产符合资产确认条件时，也相应地符合了所有者权益的确认条件。

所有者权益项目应当列入资产负债表。

二、经营成果类要素

（一）收入

1. 收入的含义

收入是指企业在日常活动中形成的、会导致所有者权益增加的、与所有者投入资本无关的经济利益的总流入。

2. 收入的特征

1）收入是企业日常活动中形成的，而不是从偶发的交易或事项产生的

日常活动是指企业为完成其经营目标所从事的经常性活动及与之相关的活动，如工业企业制造并销售产品、商品流通企业销售商品、保险公司签发保单、咨询公司提供咨询服务、商业银行对外贷款等，这些活动形成的经济利益的总流入构成收入。企业还有一些活动属于与经常性活动相关的活动，如工业企业对外出售不需要的原材料、对外转让无形资产使用权等活动，这些活动虽不属于企业的经常性活动，但由此形成的经济利益的总流入也构成收入。

2）收入可能表现为企业资产的增加或负债的减少，或两者兼而有之

收入可以为企业带来经济利益，既可能表现为资产的增加，也可能表现为负债的减少或者是两者的组合。例如：甲公司销售给乙公司产品，如果在销售时收到乙公司支付的货款或取得债权，则甲公司在确认收入的同时，增加公司的银行存款或应收账款，这就表现为甲公司的资产增加；如果甲公司预先收到乙公司的货款，当向乙公司最终发出产品时，那么一方面确认收入，另一方面也减少了对乙公司承担的负债。

3）收入能导致企业所有者权益的增加

由于收入能增加资产或减少负债，或兼而有之，因此根据"资产-负债=所有者权益"公式，企业取得收入一定能增加所有者权益。但收入扣除相关成本费用后的净额，则可能增加所有者权益，即收入大于成本费用；也可能减少所有者权益，即收入小于成本费用，亏损了。

以上三方面是收入的特征，下面来看一下收入有哪些分类。

3. 收入的分类

收入可以有不同的分类方法，主要有以下两种。

（1）按照企业所从事日常活动的性质分为：销售商品收入、提供劳务收入和让渡资

产使用权收入。

（2）按照日常活动在企业所处的地位分为主营业务收入和其他业务收入。如制造业销售产品是主营业务收入，销售材料是其他业务收入。

4. 收入的确认条件

收入在确认时除了应当符合收入定义外还应当同时满足以下条件：

（1）与收入相关的经济利益应当很可能流入企业；

（2）经济利益流入企业的结果会导致企业资产的增加或负债的减少；

（3）经济利益的流入额能够可靠地计量。

符合收入定义和收入确认条件的项目，应当列入利润表。

（二）费用

1. 费用的定义和特征

费用是指企业在日常活动中发生的、会导致所有者权益减少的、与向所有者分配利润无关的经济利益的总流出。

从费用的概念中，我们可以看出，费用有四方面的特征。

1）费用是企业在日常活动中发生的经济利益的总流出

日常活动是企业为完成其经营目标所从事的经常性活动以及与之相关的活动，日常活动中所产生的费用通常包括营业成本、职工薪酬、折旧费、无形资产摊销等。

2）费用表现为企业资产的减少或负债的增加

费用会导致经济利益流出企业，表现为企业资产的减少，如减少银行存款、库存商品等，也可以表现为企业负债的增加，如应付职工薪酬、应交税费等。例如，甲公司从乙公司购入产品，乙公司在确认费用的同时，减少了公司的库存商品，这就表现为乙公司资产的减少。

3）费用最终会导致企业所有者权益的减少

根据"资产-负债=所有者权益"公式，费用的发生一定会导致所有者权益的减少。但企业在日常活动中发生的某些支出并不导致所有者权益减少，也就不构成费用。例如，企业以银行存款偿还一项之前欠的货款时，只是等额减少了企业的一项资产和一项负债，对所有者权益并没有影响，即使有现金流出企业，也不确认为费用。

4）费用与向所有者分配利润无关

企业向所有者分配利润或现金股利，虽然发生了现金流出并减少了企业的所有者权益，但它属于利润分配的结果，不是经营活动的结果，因而不能作为企业的费用。

2. 费用的分类

按照费用与收入的关系，费用可以分为营业成本和期间费用。营业成本是指销售商品或提供劳务的成本，分为主营业务成本和其他业务成本。期间费用包括管理费用、财务费用和销售费用。

3. 费用的确认条件

费用在确认时除了应当符合费用定义外还应同时符合以下条件：

（1）与费用相关的经济利益应当很可能流出企业；

（2）经济利益流出企业的结果会导致资产的减少或者负债的增加；

（3）经济利益的流出额能够可靠地计量。

符合费用定义和费用确认条件的项目，应当列入利润表。

（三）利润

1. 利润的定义

（1）利润是指企业一定期间的经营成果。它反映的是企业的经营业绩情况，是业绩考核的重要指标，也是投资者、债权人做出决策的重要参考指标。

（2）利润包括收入减去费用后的净额、直接计入当期利润的利得和损失等。其中，收入减去费用后的净额反映的是企业日常活动的业绩，直接计入当期利润的利得和损失反映的是企业非日常活动的业绩。直接计入当期利润的利得和损失中，利得是指由企业非日常活动所形成的、会导致所有者权益增加的、与所有者投入资本无关的经济利益的流入；损失是指由企业非日常活动所发生的、会导致所有者权益减少的、与向所有者分配利润无关的经济利益的流出。

2. 利润的确认条件

由于利润反映的是收入减去费用、利得减去损失后的净额，因此利润的确认主要依赖于收入和费用及利得和损失的确认，其金额的确定也主要取决于收入、费用、利得、损失金额的计量。利润项目应当列入利润表。

第二节　会 计 计 量

会计要素计量，简称会计计量，是为了将符合确认条件的会计要素登记入账，并列报于财务报表而确定其金额的过程。

一、会计计量基本要求

会计计量基本要求主要有以下三点。

（1）会计计量的客观性是指会计计量的对象、方法和结果，都能进行验证，其客观可信度较高。

（2）会计计量的有效性是指会计计量的确立具有目的性，计量的结果具有有用性，不是为了计量而计量，而是为了满足管理上的某种需要而计量。

（3）会计结果的经济性是指会计计量所费与计量的效用的联系，不能单方面看会计计量是否有用，以及作用大小，还必须把所费与效用结合起来分析。

二、会计计量属性的构成

会计计量属性主要包括历史成本、重置成本、可变现净值、现值和公允价值。

（一）历史成本

在历史成本计量下，资产按照购置时支付的现金或者现金等价物的金额，或者按照购置资产时所付出的对价的公允价值计量。负债按照因承担现时义务而实际收到的款项或者资产的金额，或者承担现时义务的合同金额，或者按照日常活动中为偿还负债预期需要支付的现金或者现金等价物的金额计量。

（二）重置成本

在重置成本计量下，资产按照现在购买相同或者相似资产所需支付的现金或者现金等价物的金额计量。负债按照现在偿付该项债务所需支付的现金或者现金等价物的金额计量。

（三）可变现净值

在可变现净值计量下，资产按照其正常对外销售所能收到现金或者现金等价物的金额扣减该资产至完工时估计将要发生的成本、估计的销售费用及相关税费后的金额计量。

（四）现值

在现值计量下，资产按照预计从其持续使用和最终处置中所产生的未来净现金流入量的折现金额计量。负债按照预计期限内需要偿还的未来净现金流出量的折现金额计量。

（五）公允价值

在公允价值计量下，资产和负债按照市场参与者在计量日发生的有序交易中，出售资产所能收到或者转移负债所需支付的价格计量。

三、会计计量属性的应用原则

企业在对会计要素进行计量时，要有一定的原则，一般应当采用历史成本。在某些情况下为了提高会计信息质量，实现财务报告目标，企业会计准则允许采用重置成本、可变现净值、现值、公允价值计量的，应当保证所确定的会计要素金额能够取得并可靠地计量，如果这些金额无法取得或者可靠地计量的，则不允许采用其他计量属性。

第三节　会计恒等式

各个会计要素之间并不是各自孤立、单独存在的，它们之间存在一定的数量上的联系。资产、负债和所有者权益反映企业的财务状况，它们之间的关系是：资产＝负债＋所有者权益，这个关系式被称为会计恒等式。无论在什么情况下，发生什么经济业务，这个关系式都不会被破坏。收入、费用和利润反映企业的经营成果，它们之间的关系是：收入－费用＝利润。

（一）资产、负债和所有者权益的依存关系

企业资金的占用形态形成了企业的资产，资产表明企业拥有哪些经济资源和拥有多

少经济资源，企业经营需要的资金包括企业债权人投入和所有者投入两类，也就是说负债和所有者权益表明经济资源的来源渠道，也就是谁提供了这些经济资源，所以资产来源于所有者权益和债权人权益，资产与权益必然相等。也就是资产=负债+所有者权益，这一等式反映了企业在某一特定时间点三者之间的平衡关系，该等式被称为财务状况等式、基本会计等式或静态会计等式，它是复式记账法的理论基础，也是编制资产负债表的依据。

例：某企业 2023 年 1 月初有关资产、负债、所有者权益的资料以资产负债表列示，从表 3-1 中可以看出，该企业在 1 月初所拥有的资金总额为 2 458 000 元，这些资金分别表现为库存现金、银行存款、原材料、库存商品、固定资产等资产项目，资产总计为 2 458 000 元；而企业拥有这些资产的来源为短期借款、应付账款、应交税费以及属于所有者权益的实收资本。负债与所有者权益合计为 2 458 000 元。资产总额与负债、所有者权益总额都是 2 458 000 元，两者相等。

表 3-1 资产负债表

会企 01 表

编制单位： 2023 年 1 月 31 日 金额单位：元

资产	期末余额	上年年末余额	负债和所有者权益	期末余额	上年年末余额
流动资产：			流动负债：		
库存现金	8 000		短期借款	950 000	
银行存款	200 000		应付账款	458 000	
原材料	250 000		应交税费	50 000	
库存商品	1 200 000		非流动负债：		
非流动资产：			应付债券	0	
固定资产	800 000		所有者权益		
工程物资	0		实收资本	1 000 000	
在建工程	0		盈余公积	0	
资产总计	2 458 000		负债和所有者权益总计	2 458 000	

（二）收入、费用和利润的关系

企业经营的目的是获取收入，实现盈利。因此，企业的各项资产经过一定时期的营运，将发生一定的耗费，生产出特定种类和数量的产品，产品销售后获得货币收入，收支相抵后确认出当期损益，由此分离出收入、费用及利润三项资金运动显著变动状态的会计要素。通过收入与费用的比较，可以反映一定时期的盈利水平，确定实现的利润。它们之间的关系用公式表示为：收入−费用=利润，这个关系也是编制利润表的基础。

由于利润属于所有者权益。因此，会计要素之间的联系为

资产=负债+期初所有者权益（不含利润）+收入−费用

例：2022 年初，甲筹集 100 万元开了一家饭店，其中 30 万元是借的，70 万元是甲自己投入的。饭店成立之初，财务状况表现为：资产为 100 万元，负债为 30 万元，所有

者权益为 70 万元。

平衡关系：资产 100=负债 30+所有者权益 70

2022 年经营过程中，取得收入 300 万元，资产随之也增加 300 万元，发生费用 260 万元，资产减少 260 万元，则利润为 40 万元，资产增加 40 万元。

平衡关系：收入 300-费用 260=利润 40

2022 年末，饭店资产变为 140 万元，负债为 30 万元，期初所有者权益为 70 万元，利润为 40 万元。

平衡关系：资产 140=负债 30+期初所有者权益 70+（收入 300-费用 260）

（三）会计恒等式变化的规律及类型

在实际工作中，尽管经济业务种类繁多，千变万化，但无论发生什么经济业务，都不影响资产与负债、所有者权益的平衡关系。

以下是几个具体的经济业务。

1. 资产与负债同增

例如：购进材料一批，价值 30 000 元，材料已验收入库，但材料货款尚未支付。

这项业务引起企业原材料（也就是资产）增加 30 000 元，同时企业的应付账款（也就是负债）也增加 30 000 元。资产与负债、所有者权益的平衡关系依然不变。

2. 资产与负债同减

例如：以银行存款上缴应交税金 5 000 元。

这项业务的发生，引起企业银行存款（也就是资产）减少 5 000 元，同时应交税费（也就是负债）减少 5 000 元，资产与负债、所有者权益的平衡关系依然不变。

3. 资产与所有者权益同增

例如：收到某投资者投入的一台不需安装的新设备，价值 80 000 元。

这项业务引起该企业固定资产（也就是资产）增加 80 000 元，同时所有者权益也增加 80 000 元，资产与负债、所有者权益的平衡关系依然不变。

4. 资产与所有者权益同减

例如：由于企业经营规模缩小，资本过剩，经批准减少资本 200 000 元，以银行存款支付给原投资者。

这项业务的发生，引起企业银行存款减少 200 000 元，同时实收资本减少 200 000 元，资产与负债、所有者权益的平衡关系依然不变。

5. 资产的相互转化，一增一减

例如：把现金 2 000 元存入银行。

这项业务引起银行存款增加 2 000 元，同时现金减少 2 000 元。由于银行存款和现金同属于资产，所以这项业务使一项资产增加 2 000 元，另一项资产减少 2 000 元，一增一减金额相等，资产总额不变。这项业务不影响负债、所有者权益的变化，所以资产与负债、所有者权益的平衡关系依然不变。

6. 负债的相互转化，一增一减

例如：向银行借入短期借款 30 000 元，直接偿还应付账款。

这项业务引起银行借款增加 30 000 元，同时应付账款减少 30 000 元。因为短期借款和应付账款都属于负债，所以这项业务的发生使一项负债增加 30 000 元，另一项负债减少 30 000 元，一增一减金额相等，而这项业务并不影响资产的变化，所以资产与负债、所有者权益的平衡关系依然不变。

7. 所有者权益的相互转化，一增一减

例如：把盈余公积中 20 000 元转增为资本。

这项业务引起实收资本增加 20 000 元，同时盈余公积减少 20 000 元。由于实收资本与盈余公积同属于所有者权益，这项业务使一项所有者权益增加 20 000 元，而另一项所有者权益减少 20 000 元，一增一减总额不变，而这项业务并没有引起资产的变动，因而资产与负债、所有者权益的平衡关系保持不变。

8. 所有者权益与负债的相互转化，一增一减

具体包括负债增加、所有者权益减少，所有者权益增加、负债减少两种情况，先看第一种情况，以盈余公积中 100 000 元分红，通过利润分配转为应付股利。

这项业务的发生，引起应付股利增加 100 000 元，盈余公积减少 100 000 元。因为应付股利属于负债，而盈余公积属于所有者权益，负债增加而所有者权益减少，一增一减金额相等，这项业务并没有引起资产的变动，所以资产与负债、所有者权益的平衡关系依然不变。

再看第二个例子，A 公司欠 B 公司 1 000 万元的债务，经双方协定不还了，转为投资，这项业务的发生对 A 公司来说，引起负债减少 1 000 万元，所有者权益增加 1 000 万元，一增一减金额相等，这项业务并没有引起资产的变动，所以资产与负债、所有者权益的平衡关系依然不变。

从以上的经济业务中，我们可以得到如下结论：

（1）任何一项经济业务的发生，都必然会引起两个（或两个以上）资产项目、所有者权益项目或负债项目发生增减变动；

（2）每一项经济业务所引起的资产增减变动的金额与负债、所有者权益项目增减变动的金额必然相等；

（3）无论发生何种类型的经济业务，资产总额与负债、所有者权益总额必然保持平衡关系。

资产与权益的恒等关系，是设置账户、复式记账法的理论基础，也是编制资产负债表的依据。如表 3-2 所示。

表 3-2　会计恒等式表

序号	资产	负债	所有者权益	举例
（1）	增	增		购进材料一批，价值 30 000 元，材料已验收入库，但材料货款尚未支付

续表

序号	资产	负债	所有者权益	举例
（2）	减	减		以银行存款上缴应交税金 5 000 元
（3）	增		增	收到某投资者投入的一台不需安装的新设备，价值 80 000 元
（4）	减		减	由于企业经营规模缩小，资本过剩，经批准减少资本 200 000 元，以银行存款支付给原投资者
（5）	一增一减			把现金 2 000 元存入银行
（6）		一增一减		向银行借入短期借款 30 000 元，直接偿还应付账款
（7）			一增一减	把盈余公积中 20 000 元转增为资本
（8）		增	减	以盈余公积中 100 000 元分红，通过利润分配转为应付股利

复习思考题

一、简答题

1. 企业的会计要素包括哪些？各有何特征？
2. 资产、负债的定义及特征是什么？
3. 资产、负债、收入与费用是如何确认的？
4. 会计要素计量的方法有哪些？
5. 经济业务变化有哪些类型，举例说明为什么经济业务的发生不会影响会计恒等式。

二、计算分析题

1. 根据下列经济业务的内容，判断是否属于企业的资产。
   （1）企业库存的现金；
   （2）与其他企业签订合同三个月以后要采购的原材料；
   （3）经营租入的设备；
   （4）企业的人力资源；
   （5）对外进行的投资；
   （6）应交的税费；
   （7）支付的广告费。

2. 根据以下经济业务分析其类型，并指出是否影响资产与权益的恒等关系。
   （1）采购员李明因公出差，预借差旅费 800 元；
   （2）甲企业签发现金支票从银行提款 50 000 元，以备发放工资；
   （3）收到投资人投入的资金 50 000 元，存入银行；
   （4）以银行存款 2 000 元，缴纳应交税费；
   （5）购买材料一批，价款 5 000 元，料已入库，料款暂欠；

（6）以银行存款偿还前欠料款 6 000 元；
（7）收到购货单位偿付的前欠货款 5 000 元，存入银行；
（8）从银行取得借款 20 000 元，存入银行；
（9）以银行存款 10 000 元购买设备一台。

第四章 数智会计处理程序

本章介绍了在数字化会计信息系统数据处理流程中会计数据处理的目标,即获得管理所需的各种会计信息。数据处理流程具有数据处理"集中化"和"自动化"的特点。本章还介绍了数字化会计账务处理具体流程。

智能会计处理程序实现了会计事项端到会计分录端的机器理解和编制,特点是数据信息处理量大、程序复杂、要求严格,智能化会计处理程序在功能上应突出事务层、管理层和决策层三层递阶结构。

【重要概念】 数字化会计 数字化会计账务处理 智能会计处理程序

第一节 数字化会计处理程序

一、数字化会计

数字化会计是指使用数字化智能移动办公平台,进行企业或组织的财会、税务、审计、内控等架构搭建,相关财务运营流程维护,工作流协同,财会大数据决策分析,上下游在线化连接,实现企业经营财务管理在线化、会计工作数字化,适配财务、税务、会计等相关工作。

在数字化会计信息系统数据处理流程中,所考虑的是会计数据处理的目标,即获得管理所需的各种会计信息。如图4-1所示,它的中间数据处理都可以认为是源于会计数据的加工处理,因此,从输入会计凭证到输出会计报表,所有中间加工过程都由计算机控制,上一过程数据处理的结果又作为下一过程数据处理的来源,整个过程在程序的安排下完成,具有数据处理"集中化"和"自动化"的特点。存储于数据库中的会计信息,实际上没有类似于传统会计那样的总账与明细账之区别,但可以按总账或明细账的格式输出。随着数字时代的到来,财务共享中心也面临着数字化、智能化转型,财务共享中心数字化、智能化转型的本质是运用云计算、移动互联网、物联网、大数据、人工智能、区块链等新一代数字技术,进一步优化共享中心业务流程、组织架构、人员结构,提升智能化水平,深入挖掘数据价值、打造数据中心并赋能业务发展,从而最终实现财务数字化转型目标。

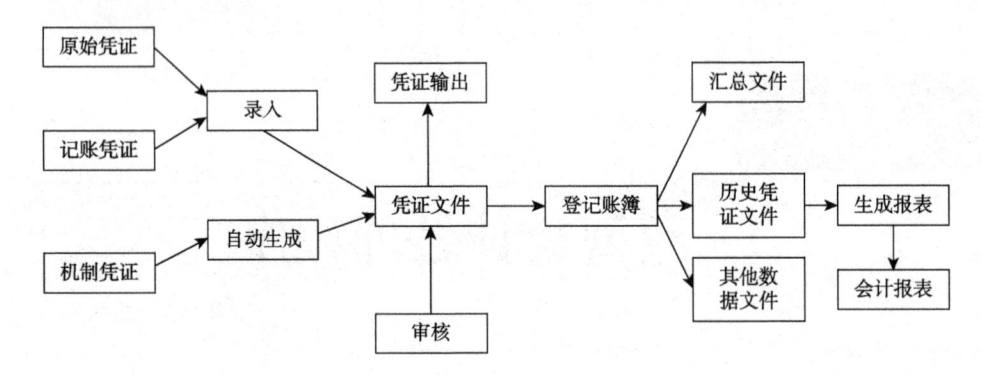

图 4-1　数字化会计流程图

二、账务处理程序

（一）会计账务处理程序

账务处理程序，又称会计核算组织程序或会计核算形式，是指会计凭证、会计账簿、财务报表相结合的方式，是从一张张凭证到一张会计报表的过程。基本的账务处理程序有：记账凭证账务处理程序、汇总记账凭证账务处理程序、科目汇总表账务处理程序。

1. 记账凭证账务处理程序

（1）概念。记账凭证账务处理程序是指对发生的经济业务，先根据原始凭证或汇总原始凭证填制记账凭证，再直接根据记账凭证登记总分类账的一种账务处理程序。

（2）优点。记账凭证账务处理程序简单明了，易于理解；总分类账能较详细地记录和反映经济业务的发生情况。

（3）缺点。登记总分类账的工作量较大。

（4）适用范围。适用于规模较小、经济业务量较少的单位。

2. 汇总记账凭证账务处理程序

（1）概念。汇总记账凭证账务处理程序是指先根据原始凭证或汇总原始凭证填制记账凭证，定期根据记账凭证分类编制汇总收款凭证、汇总付款凭证和汇总转账凭证，再根据汇总记账凭证登记总分类账的一种账务处理程序。

（2）汇总记账凭证的编制方法。汇总记账凭证是指对一段时期内同类记账凭证进行定期汇总而编制的记账凭证。它可以分为汇总收款凭证、汇总付款凭证和汇总转账凭证，三种凭证有不同的编制方法。

（3）优点。通过汇总记账凭证，汇总后于月末时一次登记总分类账，减少了登记总分类账的工作量；汇总记账凭证是根据一定时期内全部记账凭证，按照科目对应关系进行归类、汇总编制的，可以清晰反映科目之间的对应关系；便于查对和分析账目。

（4）缺点。编制汇总记账凭证的程序比较烦琐，汇总转账凭证是按每一贷方科目，而不是按经济业务性质进行归类汇总，因而不利于会计核算的日常分工，转账凭证较多时，编制汇总转账凭证的工作量较大。

（5）适用范围。适用于规模较大、经济业务较多的单位。

3. 科目汇总表账务处理程序

（1）概念。科目汇总表账务处理程序又称记账凭证汇总表账务处理程序，是指根据记账凭证定期编制科目汇总表，再根据科目汇总表登记总分类账的一种账务处理程序。

（2）优点。科目汇总表账务处理程序的优点是减轻了登记总分类账的工作量，易于理解，方便学习，并可做到试算平衡。

（3）缺点。科目汇总表不能反映各个账户之间的对应关系，不利于对账目进行检查。

（4）适用范围。适用于经济业务较多的单位。

（二）数字化会计账务处理程序流程

如图 4-2 所示，在数字化会计账务处理系统中，会计数据的收集、加工处理，会计报表的编制，以及会计数据的存储都发生了重大的变化。

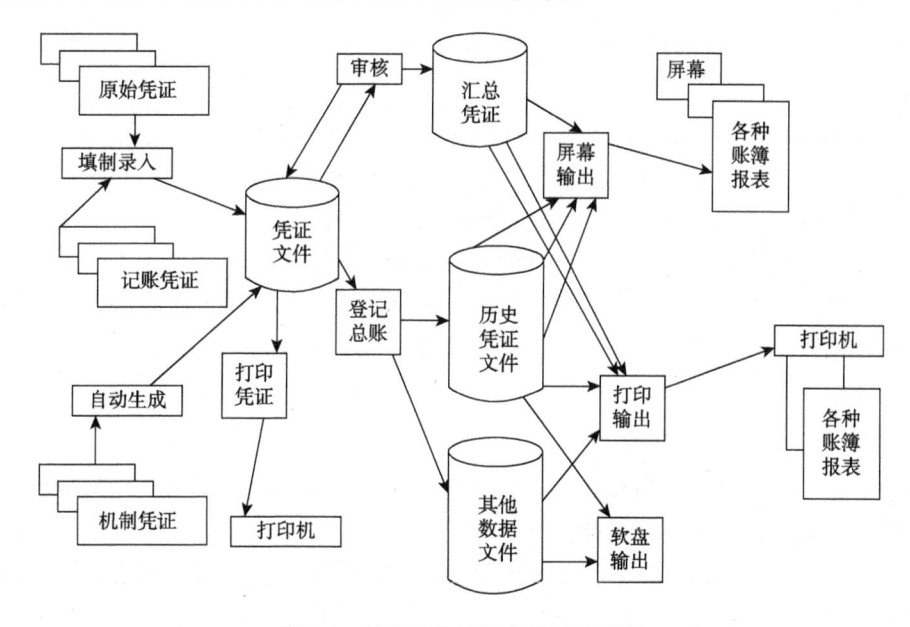

图 4-2 数字化会计账务处理流程图

1. 会计数据输入

（1）直接输入方式。这是指财会人员根据原始凭证或记账凭证（如销售发票、出差单据等），通过键盘、屏幕将数据直接送入计算机存入凭证文件的一种方式。采用这种方式输入的凭证称为人工凭证，与手工填制凭证很类似。由于人工凭证是从屏幕输入，所以数字化会计账务处理系统会提供一个直观、方便、准确性高的输入模块。该模块有利于提高凭证的输入速度，减少数据输入错误，同时提供凭证输入过程中的编辑和数据检测功能。利用逻辑判断、平衡法则、检验法等检测手段对输入的记账凭证进行正确性、合法性、有效性检查，及时发现错误并进行编辑修改，以保证产生正确的人工凭证。

（2）间接输入方式。亦称脱机输入方式。财会人员首先将会计数据录制在磁介质上，然后将其转换成计算机所能接受的凭证，并保存在凭证文件中。例如，连锁店 A，营业员通过扫描装置（optical scanner）将当日的销售数据录制到磁盘或当地的计算机中，一天的营业结束后，连锁店 A 将装有会计数据的硬盘送到总店，或通过调制解调器（model）远程网将会计数据传送到总店，总店根据这些数据生成凭证，并保存在凭证文件中。

（3）自动输入方式。这是指计算机自动编制凭证，并保存在凭证文件中。这种方式生成的凭证称为机制凭证，包括：各业务子系统处理业务后自动编制的机制凭证，如固定资产子系统转来的固定资产增加、减少、计提折旧等凭证；材料子系统转来的收料、发料等凭证；工资子系统转来的工资费用分配凭证；销售子系统转来的销售凭证等。财务子系统自身自动生成的机制凭证，如月末辅助生产费用的分配结转凭证；月末制订制造费用用的结转凭证；月末把本期销售成本、销售税金、期间费用、销售收入等科目余额结转年利润科目等形成的凭证等。由于机制凭证是计算机自动生成的，它不需要人工干涉，所以，这种方式产生的凭证及时、准确、效率高。

2. 会计数据审核

（1）静态审核，即人工审校。将计算机中的凭证打印出来，然后由人工将其与手工凭证一一核对。

（2）屏幕审核，是指电算化会计信息系统中提供审核模块，它将需要审核的凭证显示在屏幕上，财会人员对屏幕上显示的凭证进行人工审核。

（3）二次录入校验，是指重复输入校验。对同一张凭证上的数据，分别由两个操作人员单独输入，然后由计算机程序自动进行两次录入数据的核对，如果不完全相等，则显示出错信息。这种校验方法可保证凭证数据输入的完整性和准确性较高，但由于相同数据的重复输入，必然效率降低。在实际工作中，可以采用此方法对少量收款、付款凭证进行审核。

3. 会计数据处理

在数字化会计账务处理系统中，会计数据处理工作都是由计算机自动完成的。目前最常见的会计数据处理方式有两种。

（1）成批处理，是指定期收集会计数据，按组或按批进行处理的方式。例如，输入并审核 1~50 张凭证后，要求计算机对这 50 张凭证进行记账，或者输入并审核了一天或一周的凭证后，要求计算机对一天或一周的凭证进行记账，计算机就会自动、准确、高速地将这些数据分别登记在总账、明细账、日记账等"电子账簿"中。由于登记账簿的工作是由计算机自动完成的，不会出现人工记账时的错误，所以不需要进行总账和明细账的核对、总账和日记账的核对。成批处理是会计信息系统中使用最广泛的一种处理方式。当财会人员发出成批处理的命令后，计算机便进行成批处理。在处理过程中，人和计算机不发生任何交互作用，一般不需要财会人员介入，计算机便自动、高速地完成工作。

（2）及时处理，是指当产生一数据或财会人员有一次处理要求时，计算机就立即进行处理的方式。例如，材料核算采用先进先出法，当收到或发出一笔材料时，便要求计算机立即进行数据处理，更改材料结存文件。及时处理方式要求计算机必须随时接受处理的要求，及时进行处理。因此，对系统的响应时间、可靠性、安全性等要求都比较高。

4. 会计数据输出

会计数据都保存在磁介质的文件中，为了使信息的使用者能够看到各种信息（如凭证、账簿、各种报表等），就需要从磁介质文件中提取信息并输出。提取会计数据并按财会人员需要的形式输出的过程称为会计信息输出。目前，会计信息输出最常见的方式有如下几种。

（1）显示输出。这是指用字符或图形的形式，将磁介质文件中的会计数据，按照财会人员的要求输出到显示器上。例如，财会人员告诉计算机需要输出 1 月份的应收账款明细账，计算机就对磁介质文件中的会计数据进行加工，以财会人员要求的明细账形式显示在屏幕上。显示输出方式的特点是信息的使用者可以迅速、准确地得到所需的信息，但所得到的信息不能长期保存。所以，这种方式一般用于随机查询信息。

（2）打印输出。这是指用字符或图形的形式，将磁介质文件中的会计数据，按照财会人员的要求输出到打印机，并将会计信息打印在纸张上。例如，财会人员告诉计算机，需要将 12 月份的应收账款明细账以纸张的形式输出，计算机就对磁介质文件中的会计数据进行加工，以财会人员要求的明细账形式传送到打印机上，并打印在纸张上，形成可长期保存和阅读的账簿。打印输出的特点是信息的使用者可以方便、准确地得到永久性硬拷贝资料，并可以长期保存。

（3）软盘输出方式。这是指将产生的有关结果信息输出到软盘磁介质中的一种方式。例如，将所有会计数据保存在软盘上作为备份资料，当硬盘中的会计数据被破坏时，可以用此备份资料进行恢复；又如将会计凭证保存在软盘上，以便下次记账用；再如将报表数据保存在软盘上，为主管部门进行报表汇总提供资料等。

5. 会计数据存储

如图 4-3 所示，在数字化会计账务处理系统中，无论是记账凭证、账簿，还是会计报表都是以数据库文件形式保存在磁介质中。一个文件由若干条记录组成，一个记录由若干个字段组成。

```
数据库：由若干个有关联的数据库文件组成
          ↑
一个文件：由若干条记录组成，它包括一个实体集合的所有记录
          ↑
一条记录：由若干个字段组成，它包括一个特定实体的所有数据
          ↑
一个字段：表示实体特定属性，对于一个实体的每一个属性都要用字段来描述
```

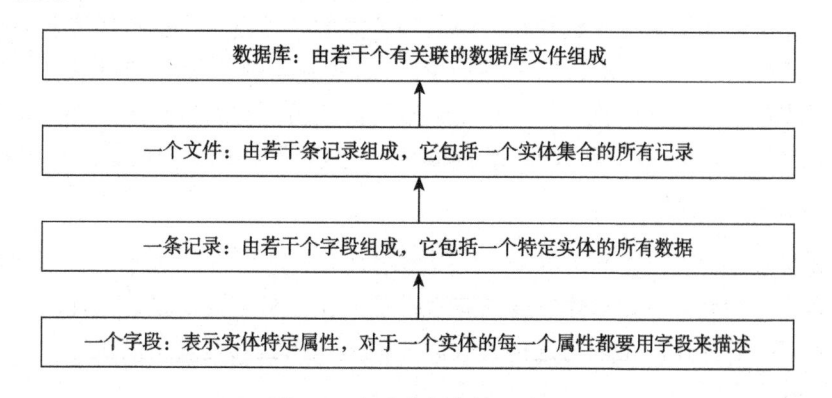

图 4-3　会计数据存储组成图

下面让我们看看一个实际的数据库文件——往来客户文件，如图 4-4 所示。

客户代码	客户名称	电话	信用限额	余额
02022456	北京ABC公司	67008921	300 00	280 000
02110223	上海CCD公司	67896321	450 00	300 000

5个字段（属性）

图4-4 往来客户属性图

在上述往来客户文件中，有2个实体（北京 ABC 公司、上海 CCD 公司），用2条记录表示（每一行代表一条记录）。用5个属性来描述每个实体：客户代码、客户名称、电话、信用限额、余额。因此，在该数据库文件中有5个字段（每一列代表一个字段），每个字段有若干类型相同的值，分别表示不同客户的某个属性。例如，字段"客户代码"中的值"02022456"是北京 ABC 公司的代码，"02110223"是上海 CCD 公司的代码。

会计信息系统中存在着多个文件，如凭证文件（存放企业各种凭证的数据库文件）、总文件（存放所有科目期初余额、本期借方发生额、本期贷方发生额等的数据库文件）、科目文件（存放所有科目的代码、名称等的数据库文件）等。若干个相互关联的数据库文件组成会计信息系统数据库。

第二节 智能会计处理程序

随着新一代信息技术的发展及其与会计工作的深度融合，智能会计全面启动，本节我们来认识一下智能会计处理程序。

一、智能会计

（一）智能会计的概念

智能会计借助能够模拟、延伸和扩展人的智能的科学技术，进行经济业务的核算与监督，是一种智能时代"人工智能+互联（PC +移动互联网）"的智慧化会计，核心是基于财务共享的业务财务一体化，在"算法引擎"的支持下，人机共生、共同管理、共同合作、共同分配，满足经济和管理的数据需求，是分析和辅助决策的信息管理系统。

（二）智能机器人

智能机器人之所以叫智能机器人，是因为它有相当发达的"大脑"。主要起作用的是中央处理器，这种计算机跟操作它的人有直接的联系。最主要的是，这样的计算机可以进行按目的安排的动作。正因为这样，我们才说这种机器人是真正的机器人，尽管它们的外表可能有所不同。

（三）智能会计的技术支持

1. 人工智能技术

人工智能技术的发展为会计处理程序智能化奠定了基础，人工智能在知识库、推理

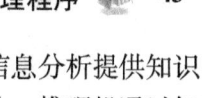

机、规则集三方面为会计处理程序智能化发展提供了基础。知识库为信息分析提供知识基础，规则集促使智能化系统按照规则对会计信息进行分析并得出结论，推理机通过知识和规则对输入的信息进行分析，并给出相应的建议。另外，自动搜索等智能化的发展，进一步为会计信息处理的改善提供了基础。

2. 数据挖掘技术

数据挖掘技术能够让管理层利用数据找到可供参考的信息，如通过挖掘经营状况的数据，发现经营过程中的问题，为管理者提供决策支持，同时对经营决策也会有较大的帮助。

3. 网络技术

网络技术的支持是会计账务处理智能化发展的基础，通过网络技术实现信息共享。网络技术具有快速的数据传播效率，网络技术也给信息储存提供了无限性，网络技术还为数据远程采集提供了帮助，降低了数据采集的时间和成本。

4. 硬件基础

会计信息智能化处理，要求有较好的硬件基础。硬件设备要能够流畅地运行各类软件，在硬件的支持下，各项系统才能给会计工作带来极大的冲击，为会计账务处理的智能化提供基础。

（四）智能会计平台

1. 智能财务共享平台

业财融合是财务会计发展的趋势，基于业财深度一体化构建智能财务共享平台，能够实现财务数据与业务数据的连接，颠覆了传统的财务核算模式，取消了报账、报销等流程，实现了业财一体化。智能财务共享平台通过办公平台实现与企业上下游客户之间的对接，并通过电子发票实现税务与交易的关联，对财务数据处理流程及交易流程进行了重构，企业的日常采购可以通过线上统一支付、统一结算，交易过程实现了透明化与自动化。在智能财务共享平台基础上，附加值低的环节都由系统自动处理，财务人员实现了由传统会计向管理会计的转型，财务人员负责预算管理、流程设计等工作。

2. 智能管理会计平台

在财务共享平台的基础上，企业形成财务数据中心，企业通过财务数据中心获得完整且及时的基础数据，并通过智能化平台对数据进行处理，从而为决策者的决策提供信息。

3. 智能财务平台

智能财务平台是随着人工智能深度发展形成的财务共享平台，是以智能管理平台为主的智能化财务信息处理体系，通过人工智能消除财务作业的流程，同时财务机器人具有深度的学习能力和计算能力，能够进行信息的收集与信息的分析，并代替管理者作出经营决策。智能财务平台可以通过对企业的全面管理，分析企业运营过程中存在的风险，同时也可以进行预算管理、内部审计等方面的工作。智能财务信息处理是标准化、流程化的信息处理模式，将会计分录定义好，输入到对应的系统中，帮助管理层进行智能化的判断与决策。在智能财务阶段，信息系统不单单是对数据的收集与加工，更是对信息处理结果进行分析，并代替管理者进行决策。人工智能进入会计领域是未来的趋势，也将给会计工作带来极大的冲击，改变会计人员的工作模式。

二、人工智能

人工智能，简称 AI，是指通过计算机程序发出的指令，使机器能够像人类一样思考、模拟人类的行为做出反应。随着人工智能技术的快速发展及其在各行业的应用，人类工作被机器人取代的趋势也愈演愈烈。2016 年 3 月，德勤与 Kira Systems 合作，制造出"德勤机器人"，成为我国会计领域发展至关重要的转折点，多家会计事务所也紧随其后推出人工智能技术。虽然人工智能在会计领域的发展尚在初始阶段，但其对推动会计行业快速发展仍有重大影响。

三、智能会计账务处理程序

在如今企业内的会计账务处理中，虽然如原始凭证的电子信息传递、会计凭证的汇总和财务报表的生成等绝大部分流程由专门的会计信息化或办公自动化软件来完成。但在编制会计分录的过程中，仍是由会计人员手工完成，即根据核对好的经济交易业务和原始凭证在会计信息化或办公自动化软件中手工选择或填制该业务对应的会计科目、记账金额和记账方向，之后再由软件生成相应的会计凭证做入账处理。这种非全自动化的原因在于目前的会计信息化或自动化软件不具有智能，仅能依靠会计人员凭借其会计知识对非结构化的经济交易业务和原始凭证信息进行处理进而得到结构化的会计信息，在此基础上再对信息按照逻辑运算关系归纳到会计期间的对应科目上，完成会计账务处理。如何让机器学习该过程中的会计知识从而具有会计领域账务处理层面的智能，是实现账务智能化处理的基础问题。

（一）会计信息处理智能化的概念

会计信息处理智能化是指利用人工智能技术来实现会计信息处理一体化的建造，促进各业务系统模块的有机集合，实现会计信息收集、信息确认、信息计量、信息记录与信息披露一体化的流程优化，并借助大数据自动分析、处理技术，自动生成会计信息报告，为管理者决策提供可靠且全面的数据依据。智能化技术的应用能够节省大量的人力和时间，实现在线自动化数据采集、加工、处理，不仅能够保证会计信息数据的准确性和完整性，提供企业长效稳定发展的价值数据，还能够提高财务分析的质量和决策支持价值。

（二）智能化会计处理程序的主要特点

数据信息处理量大、程序复杂、要求严格，除满足技术要求外还必须遵循财政部有关的会计法规制度。为了使企业在高效率的管理中获取高效益，智能化会计处理程序如图 4-5 所示，在功能上应突出核算反映（事务层）、质量控制（管理层）和市场信息（决策层）三层递阶结构。

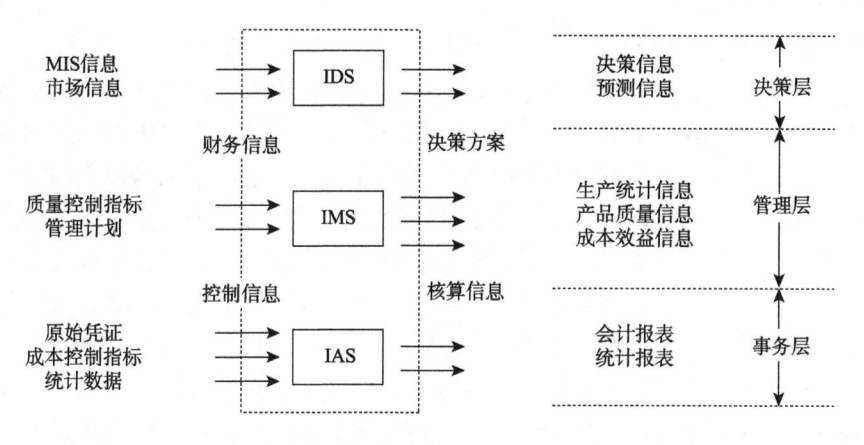

图 4-5　智能会计处理程序流程图

MIS，management information system，管理信息系统
IDS，intelligent decision system，智能决策系统
IMS，intelligent management system，智能管理系统
IAS，intelligent accounting system，智能会计系统

（三）智能会计处理程序的基本原理

区别于现有的账务的信息化或自动化系统中会计人员人工输入会计分录的方式，以机器为会计代理的账务处理方式能够根据企业日常发生的经济业务描述智能编制对应的会计分录，实现账务的智能处理。为实现这种账务处理方式，将会计专业人员从重要但冗杂的日常账务处理中解脱出来，出现了一种上游承接企业部门经济活动账务处理，下游转接通用会计信息化系统收录记账，从理解会计事项到编制会计分录的端到端的账务智能处理框架，如图 4-6 所示。

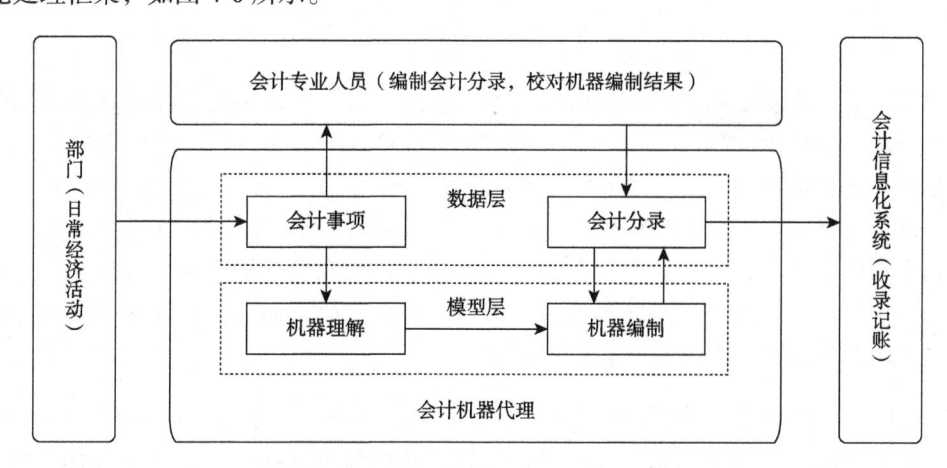

图 4-6　端到端的账务智能处理框架图

传统的账务处理过程中，企业各部门发生了经济活动，由会计或经济活动参与者提供具体的活动事件和凭据并归纳为会计事项，通过会计专业人员完成会计分录的编制工作，然后在会计信息化系统中完成记账凭证、期间会计科目汇总和财务报表生成等工作，

其中理解会计事项与编制会计分录的工作依靠会计专业人员来完成。

与传统账务处理不同，智能会计处理程序的会计事项端到会计分录端的机器理解和编制过程均在会计机器代理处完成，企业各部门向会计机器代理提供归纳后的日常经济交易业务即会计事项，会计专业人员根据机器代理提供的会计事项编制正确的会计分录并输入到机器代理。会计机器代理根据会计人员反馈的会计事项与分录进行理解和学习编制会计分录。在会计专业人员的指导和会计机器代理的学习下，机器代理完成会计专业知识的积累，掌握理解会计事项和正确编制对应会计分录的能力。会计机器代理完成会计分录的编制后，将具有会计事项、记账方向、会计科目与金额的结构化会计分录数据转接给企业会计信息化系统进行收录记账，由会计信息化系统完成随后的记账凭证、科目汇总和财务报表等会计信息传输工作。智能化的高阶能力便是促进机器智慧的不断迭代和发展，智慧财务的诞生也同样会延续这样一个方向，实现传统财务向数字财务的转型，最终实现智慧财务。

在会计机器代理的结构中，机器需要理解以自然语言为形式的会计事项并学习掌握正确编制会计分录的能力。如何实现会计事项机器理解和会计分录机器编制是会计机器代理实现账务智能处理的核心问题。

具体地，在会计机器代理实现账务智能处理的过程中，机器代理首先理解以自然语言为形式的会计事项，认知与学习会计事项的语义信息和语法结构，识别企业经济活动中变动的事件、资源和对应金额的关联关系。在理解会计事项的基础上，会计机器代理继续学习会计专业人员所编制的会计分录并尝试自己编制。在编制过程中，会计机器代理将自己的编制结果与会计专业人员编制的正确结果进行比对，随后记忆和更正错误并多次重复此过程，完成理解企业会计事项、学习会计专业人员会计知识和智能编制会计分录，最终实现账务的智能处理。

（四）会计事项的机器理解

会计分录的编制起始于会计事项的理解。机器与人不同，实现智能会计机器代理需要首先解决以下两个问题：如何将以自然语言为表现形式的会计事项转化为机器可理解的类型；如何使机器认知会计事项中自然语言的关联关系。

因此，可采用一种考虑连续关联词组的会计事项词向量空间嵌入方法，该方法首先将会计事项的词随机散布到一定维度的向量空间中，完成会计事项的初步向量表示；利用关联词组向量，通过神经网络预测目标词向量的方式使机器在这一过程中学习会计事项的词关联关系，进而完成语义的理解。

（五）会计分录的机器编制

账务处理的核心在于编制会计分录。如何让机器学习会计分录编制过程中的会计知识从而具有会计领域账务处理层面的智能，是实现会计分录机器编制的关键。

因此，为解决账务处理中的会计分录机器编制问题，可建立一种编码和解码机制的会计分录编制方法，将会计事项的词空间进行编码作为输入，针对会计事项词空间的词序列性质，建立具有记忆的循环神经网络，通过该循环神经网络将生成的会计分录进行解码作为输出，最终实现会计分录的机器编制。通过会计事项的机器理解方法，会计事项完成了从自然语言文本到具有内生关联的向量空间的映射，从而使会计事项能够被机器认知和处理。通过会计分录的机器编制方法，会计机器代理完成了机器学习会计专业人员编制会计分录的过程并逐渐具备了一定程度的会计智能，账务智能处理得以实现。

复习思考题

1. 简述智能化技术应用的优势。
2. 简述智能化会计处理程序的主要特点。
3. 简述智能会计处理和传统会计的区别。
4. 简述数字化会计处理的程序及其流程图。

第五章 企业主要会计业务数智处理

企业主要会计业务的数智处理，即借贷记账法在工业企业的数智应用。结合企业案例业务情境分别讲授借贷记账法在工业企业从资金投入、资金循环和周转到资金退出的完整资金运动中的业务处理。

工业企业的资金运动包括资金的投入、循环和退出，其中资金循环的具体环节包括供应、生产和销售三个过程。

企业资金的来源主要是向银行及其他金融机构借入的资金和投资人投入的资金。

供应阶段主要的经济业务是用货币资金购买原材料，发生材料买价、运输费、装卸费等材料采购成本，与供应单位发生货款结算关系。

生产阶段主要的经济业务是把原材料投入生产领域，经过生产加工后原材料变成产品。在此过程会发生材料费、人工费、固定资产的折旧费等。

销售阶段主要的经济业务是销售商品，得到货款、产生销售费用、交纳税金等业务，并与购货单位与税务机关发生货款及税务的结算业务。

资金退出是指企业用资金偿还债务、上缴各项税金、向投资者分配利润等。

【重要概念】 资金筹集 生产成本 销售成本 经营成果

第一节 企业主要经营过程核算及内容

一、工业企业主要经营过程核算

（一）工业企业定义

工业企业是按照社会主义市场经济体制的要求面向市场、独立核算、自负盈亏、自我积累、自我发展的产品制造企业。

（二）工业企业基本任务

工业企业基本任务是努力增加产品产量、提高产品质量、扩大花色品种满足市场需求，加强企业管理进行技术改造，减少活劳动和物化劳动耗费，降低成本，增加盈利，提高经济利益，为发展社会主义市场经济积累更多资金。

为了完成上述任务，企业要以效益为中心，做好各方面的工作，增强自我改造和自我发展能力，其中，正确组织经营过程的核算工作，利用会计资料加强会计管理，规范企业生产经营行为是一个重要方面，这对工业企业的发展具有重要意义。

（三）工业企业主要经营过程核算意义

及时、正确地提供能反映实际生产经营过程情况的各种数量指标和质量指标，如材料采购数量和单位材料采购成本、产品生产数量和单位产品生产成本，以及利润净额（或亏损）和利润分配情况，以便企业及时了解经营过程进度，纠正偏差，真正做到高产、优质、低消耗，不断增加花色品种，完成和超额完成各项计划指标。

二、工业企业主要经营过程的主要核算过程

工业企业为了进行生产经营活动，就要留存一定数量的财产物资，在生产过程中财产物资的货币表现就是资金，随着生产经营活动的进行，资金以货币资金、储备资金、生产资金、成品资金、货币资金的形式不断运动，资金投入企业以后，依次经过供应、生产、销售三个过程。

（一）供应过程

在供应过程中，企业用货币购买材料、物资并按照等价交换的原则支付货款及采购费用，结转材料采购成本，此时资金就从货币资金形态转换为储备资金形态。

（二）生产过程

在生产过程中，企业通过劳动者制造产品，发生固定资产和材料等物化劳动和劳动者活劳动的耗费，将生产费用归集和分配到各种产品中，结转产品生产成本，随着生产费用的支出，资金就从储备资金形态转化为生产资金形态。产品制成以后，资金又从生产资金形态转化为成品资金形态。

（三）销售过程

在销售过程中，企业出售产品并根据等价交换原则，收取货款，此时资金又从成品资金形态转化为货币资金形态，期间需支付销售费用，缴纳税金，结转销售产品的生产成本，计算财务成果。

以上均是在供应、生产、销售过程中发生的经济业务，这三个过程及资金的投入、循环和周转、退出等经济活动构成了工业企业主要经营过程核算的内容。

第二节 资金筹集的核算

一、企业资金筹集核算的内容

企业进行生产经营活动的前提条件是要有充足的资金，因此也就需要进行资金的筹集，作为企业生产经营活动的物质基础，企业资金的来源主要是投资人投入的资金和向银行及其他金融机构借入的资金。因此，实收资本业务和借款业务的核算就成了资金筹

集业务核算的主要内容。

例： 4月20日，A银行济南支行对B公司的资金状况、营运能力及现金流进行了仔细分析，决定对其投资200 000元，已签订合同，相关款项已到账，相关凭证记录如下：

借：银行存款　　　　　　　200 000
　　贷：实收资本　　　　　　　200 000

二、企业借款业务

企业在生产经营过程中，由于周转资金不足，可以向银行或其他金融机构借款弥补资本不足，企业从银行或其他金融机构借入的款项必须按借款单位的借款规定来办理手续，支付利息，到期归还。

相关分录如下：

借：银行存款　　　　　　　200 000
　　贷：短期借款　　　　　　　200 000

例： 12月4日，因购置生产设备需要向银行借入600 000元，借款期为3年。

编制的会计分录如下：

借：银行存款　　　　　　　600 000
　　贷：长期借款　　　　　　　600 000

与短期借款一样，这个账户也是按照贷款种类和贷款单位进行明细分类账设置的。

第三节　供应阶段的核算

一、供应过程的定义及主要任务

（一）供应过程的定义

供应过程是工业企业经营过程的第一个阶段，在供应过程中，其主要经济业务是用货币资金购买原材料、辅助材料，支付采购费用，计算采购成本。

（二）供应过程的主要任务

供应过程核算的主要任务是核算与监督材料的买价和采购费用、确定采购成本、检查材料采购计划执行情况、核算与监督储备资金占用量、考核储备资金使用情况等。

二、供应过程的相关账户

在供应阶段的这些业务活动中，主要设置的账户有在途物资、原材料、应付账款、应付票据和应交税费等。

（一）原材料账户

"原材料"是一个资产类的账户，用来核算企业库存、各种材料的收入、发出和结存情况，包括原料及主要材料、辅助材料、外购半成品、维修零配件、包装材料、燃料等,"原材料"账户,借方登记已经验收入库的各种材料数额,贷方登记材料发出减少的数额,借方余额则表示库存材料的实际成本。

"原材料"账户同时也需要按照材料的具体品种、规格设置明细分类账,具体反映每种材料的库存和增减变动情况。

(二)材料成本的确定

按照企业会计准则的规定,购入材料的成本应该包括供应过程中所发生的物资的买价,以及发生的相关采购费用,具体包括买价及运杂费,其中运杂费包括运输费、装卸费、保险费、包装费、仓储费及运输途中的合理损耗、入库前的挑选整理费用等。

其中可以直接计入材料采购成本的应当直接计入,不能直接计入的各种间接费用,需按一定的分配标准进行分配,如材料购买价款、材料的重量等。

(三)应交税费

应交税费是指企业根据在一定时期内取得的营业收入、实现的利润等,按照现行税法规定,采用一定的计税方法计提的应交纳的各种税费。

应交税费包括企业依法交纳的增值税、消费税、企业所得税、资源税、土地增值税、城市维护建设税、房产税、土地使用税、车船税、教育费附加、矿产资源补偿费等,以及在上缴国家之前,由企业代收代缴的个人所得税等。

按照《中华人民共和国增值税暂行条例》的规定,凡在我国境内销售货物或者提供劳务及进口货物的单位和个人应当缴纳增值税。

"应交增值税"账户,借方发生额反映企业购进货物或接受应税劳务支付的进项税额和实际缴纳的增值税,贷方发生额反映企业销售货物或提供应税劳务应缴纳的销项税额,转出已支付或应分担的增值税额,纳税人从销项税额中抵扣进项税额后向税务部门缴纳增值税,期末借方余额反映多上交或者尚未抵扣的增值税,期末贷方余额反映企业尚未缴纳的增值税。

例:B 公司现有甲产品 99 件,在产品 100 件,单价为 510.38 元,经协商 A 公司以每件 500.38 元购买 B 公司全部甲产品 199 件。随后 B 公司为完成 A 公司订单,向 C 公司购买每千克 190 元的 Q1 材料 4 000 千克、每千克 240 元的 Q2 材料 2 000 千克,运输费用为 6 000 元。材料采购明细表如表 5-1 所示。

表 5-1 材料采购明细表

材料名称	价款/元	重量/千克	运输费/元	金额合计/元
Q1 材料	760 000	4 000	4 000	764 000
Q2 材料	480 000	2 000	2 000	482 000
合计	1 240 000		6 000	1 246 000

借:原材料—Q1 材料　　　　　　　　764 000
　　　　—Q2 材料　　　　　　　　482 000
　　应交税费—应交增值税(进项税额)　161 740
贷:银行存款　　　　　　　　　　　1 407 740

第四节　生产阶段的核算

一、生产过程与生产核算

（一）生产过程的定义

生产过程是工业企业资金循环的第二阶段，在生产过程中，工人借助劳动资料对劳动对象进行加工制成劳动产品。因此，生产过程既是产品制造过程，也是物化劳动和活劳动的消耗过程。

（二）生产过程的经济业务

在生产过程中发生的主要经济业务有：生产车间领用制造产品的原材料投入；生产计算和分配职工薪酬；从银行提取现金，发放工资；计提固定折旧，分配制造费用，计算产品成本；产品完工结算产品实际生产成本等。为了组织生产过程核算，需要设置生产成本、制造费用、应付职工薪酬、累计折旧、管理费用、库存商品等账户。

生产费用主要包括为生产产品所消耗的原材料、辅助材料、燃料和动力、生产工人的职工薪酬、厂房和机器设备等固定资产的折旧费，以及管理和组织生产为生产服务而发生的各种费用，这些生产费用按照一定种类的产品进行归集和分配，以计算产品的生产成本。

（三）生产过程核算的主要任务

生产过程核算的主要任务是核算与监督生产费用的发生和分配产品生产的品种、质量和数量；计算产品成本，考核生产资金定额和成本计划的执行情况；反映生产过程中的问题和经验，促使企业不断降低生产成本，提高经济效益。

二、具体的生产阶段的核算

（一）生产过程中产品成本归集

生产成本账户是一个成本类的账户，用于核算企业生产各种产品，包括产成品、自制半成品、提供劳务等在生产过程中发生的各项生产费用，并据以确定产品的实际生产成本。生产成本借方登记本月所发生的全部生产费用，贷方登记应结转的完工产品的实际成本；月末的借方余额表示生产过程中尚未完工的在产品实际生产成本。发出材料单位成本计算表，如表 5-2 所示。材料发出汇总表，如表 5-3 所示。

表 5-2　发出材料单位成本计算表

2023/04/30　　　　　　　　　　　　　　　　　　　　　　　　　　　　　单位：元

材料名称	单位	期初数量	期初金额	本期入库数量	本期入库金额	单位成本
Q1	千克	1 000	200 000.00	4 000	764 000.00	192.80
Q2	千克	3 000	750 000.00	2 000	482 000.00	246.40
合计			950 000.00		1 246 000.00	

制表：于欢　　　　　　　　　　　　　　　　　　　　　　　　　　　　　审核：王军

表 5-3　材料发出汇总表

2023/04/30　　　　　　　　　　　　　　　　　　　　　　　　　　　　　　　单位：元

领用部门	领料用途	产品	Q1 数量	Q1 金额	Q2 数量	Q2 金额	合计
生产车间	生产产品直接领用	甲	1 600	308 480.00	2 400	591 360.00	899 840.00
生产车间	生产产品直接领用	乙	3 000	578 400.00	2 000	492 800.00	1 071 200.00
合计			4 600	886 880.00	4 400	1 084 160.00	1 971 040.00

制表：于欢　　　　　　　　　　　　　　　　　　　　　　　　　　　　　审核：王军

借：生产成本——甲产品　　　　　899 840
　　　　　　——乙产品　　　　1 071 200
　　贷：原材料——Q1　　　　　　886 880
　　　　　　——Q2　　　　　　1 084 160

（二）生产过程中分配应付职工薪酬

期末应该计算和分配职工薪酬，并按职工薪酬的用途分别计入有关账户。

制造费用是一个成本类的账户，它用来归集和分配企业为生产产品和提供劳务发生的各项间接费用，包括车间管理人员的薪酬。此外还包括折旧费、修理费、办公费、水电费、机物料消耗、劳动保护费、季节性停工损失、修理期间的停工损失，以及其他不能直接计入产品生产成本的费用。制造费用账户借方登记本月分类发生的各种制造费用，贷方登记分配结转应由各种产品负担的制造费用，月末无余额。

管理费用账户是损益类账户，用于核算企业董事会和行政管理部门为组织和管理经营活动而发生的，应由企业统一负担的公司费用，主要包括行政管理部门职工薪酬、折旧费、业务招待费、修理费、物料消耗、办公费、差旅费、董事会费、聘请中介机构费、咨询费、诉讼费、矿产资源补偿费、排污费、存货盘盈或盘亏、房产税、车船税、土地使用税、印花税、技术转让费、无形资产摊销、研究开发费等。管理费用的借方登记本月份内发生的各种管理费用，贷方登记期末应该转入本年利润账户的余额，结转到本年利润后，本科目无余额。

应付职工薪酬是一个负债类的账户，它用来核算企业应付给职工的各种薪酬，包括工资、奖金、津贴、职工福利、社会保险费、住房公积金、工会经费、职工教育经费、非货币性福利、辞退福利股份支付等，无论当月是否支付，都要通过该账户进行核算。

因此，应付职工薪酬贷方登记应付尚未支付的职工薪酬数，借方登记实际发放职工薪酬数，贷方余额表示应付还未付的职工薪酬。应付职工薪酬包括职工在职期间和离职后提供给职工的全部货币性薪酬和非货币性福利，也包括提供给职工配偶、子女或其他被赡养人的福利等，非货币性福利包括企业以自产产品发放给职工作为福利，将企业拥有的资产无偿提供给职工使用，或为职工无偿提供医疗保健服务等。

例：当月应付职工薪酬为 67 980 元，按照其用途合计如下，生产工人薪酬 18 180 元，因为这些生产工人既是甲产品的生产工人，又是乙产品的生产工人，需要按照工时的比例6 000：4 000分开，所以甲产品生产工人的薪酬是10 908元、乙产品生产工人的薪酬是7 272元，车间技术管理人员的薪酬是3 800元，计入制造费用，销售管理人员的薪酬是9 300元，行政管理人员的薪酬是36 700元。

借：管理费用　　　　　　　　36 700
　　销售费用　　　　　　　　 9 300
　　制造费用　　　　　　　　 3 800
　　生产成本—甲产品　　　　10 908
　　生产成本—乙产品　　　　 7 272
　　贷：应付职工薪酬　　　　　　　　67 980

（三）生产过程中固定资产计提折旧

在生产过程中必然会使用固定资产，而在固定资产使用过程中会发生磨损，所磨损的这部分价值被称作固定资产折旧，这部分的价值应该按照固定资产的原始价值和核定的折旧率，按月计算折旧费用计入成本或费用，并根据各个部门发生的折旧费计入相应的科目。管理部门固定资产发生的折旧费计入管理费用，销售部门固定资产折旧应计入销售费用，而生产车间由于生产产生的固定资产的折旧费则计入制造费用。

累计折旧是一个资产类的账户，用于核算固定资产因为磨损而减少的价值。它的贷方登记固定资产的累计折旧的增加数，也就是固定资产价值的减少数；借方登记已提的固定资产折旧的累计减少或转销数，月末贷方余额表示现有的固定资产已经计提的累计折旧数。通过累计折旧的账户的贷方余额抵消固定资产账户的一个借方余额，固定资产账户的借方余额反映的仍然是固定资产的原始价值。

（四）制造费用分配

制造费用账户是把车间发生的为组织和管理产品生产而发生的费用进行归集，然而这些费用归根结底构成了产品成本，因此，月末应计算当月制造费用的借方发生额，从制造费用账户贷方转到生产成本账户的借方。为了具体反映每一种产品成本的构成，当企业生产产品的品种为两个或两个以上时，应先按一定标准将制造费用分配，而后结转。可以根据生产工人的薪酬比例、产量、生产工时比例等分配制造费用。制造费用结转入生产成本以后一般是无余额的。

例：假设本公司"制造费用"账户本期借方发生额9 969.1元。按照生产工时比例分配，应分配给甲产品制造费用5 981.4元，分配给乙产品制造费用3 987.7元，所作会计分录如下。

借：生产成本—甲产品　　　　5 981.4
　　　　　　—乙产品　　　　3 987.7
　　贷：制造费用　　　　　　　　　9 969.1

（五）结转产品实际成本

在工业企业中制造完工并经验收合格入库的产品，就成为企业可销售的产品，月末应当计算当月完工产品的生产成本，从生产成本账户的贷方转入库存商品账户的借方，处在生产过程中尚未制造完成的产品，则属于在产品应计入生产成本账户的借方余额，表示期末在产品成本。

结转入库的产品使用"库存商品"账户，"库存商品"账户是资产类的账户，用于核算企业库存的各种商品的实际成本，包括外购商品、自制产品商品等，工业企业的库存商品主要为产成品。

产成品是指企业已经完成全部的生产过程，并已经验收入库，可供销售产品的实际成本，借方登记已经完工并且验收入库的各种产品的实际生产成本，贷方登记已经出售的各种产品的实际生产成本，月末借方余额表示库存产成品的实际生产成本。

为了具体反映库存产成品的结构和增减变动情况，应按产成品的品种、规格或类别设置明细分类账。产品完工验收入库时，应编制产成品成本的计算表，在产成品成本的计算表当中列出生产产品所耗费的料、工、费，如表5-4所示。

表 5-4 产品成本计算表

2023/04/30　　　单位：元

生产部门	产品名称	成本项目	月初在产品成本	本月生产费用	生产成本合计	完工产品产量	在产品产量	在产品约当产量	产量合计	单位成本	完工产品成本	在产品成本
生产车间	甲	直接材料	75 000	899 840	974 840	3 800	500	500	4 300	226.706 976 7	861 486.511 6	113 353.488 4
生产车间	甲	直接人工	1 560	15 402	16 962	3 800	500	350	4 150	4.087 228 916	15 531.469 88	1 430.530 12
生产车间	甲	制造费用	500	5 981.4	6 481.4	3 800	500	350	4 150	1.561 783 133	5 934.775 904	546.624 096 4
小计			77 060	921 223.4	998 283.4					232.355 988 8	882 952.757 4	115 330.642 6
生产车间	乙	直接材料		1 071 200	1 071 200	2 000	0	0	2 000	535.6	1 071 200	0
生产车间	乙	直接人工		10 268.16	10 268.16	2 000	0	0	2 000	5.134 08	10 268.16	0
生产车间	乙	制造费用		3 987.7	3 987.7	2 000	0	0	2 000	1.993 85	3 987.7	0
小计				1 085 455.86	1 085 455.86					542.727 93	1 085 455.86	
合计			77 060	2 006 679.26	2 083 739.26						1 968 408.617	115 330.642 6

制表：于欢　　　　　　　　　　　　　　　　　　　　　　　　　　　　　　　　　　　　　　审核：王军

根据企业的当期产品入库单和成本计算表可得出企业当期生产的产品的总成本：

产品成本=原材料成本+人工成本+制造费用

故有关分录如下：

借：库存商品—甲产品　　　　　　　　　　921 223.4
　　　　　　　—乙产品　　　　　　　　　1 085 455.86
　贷：生产成本—甲产品（原材料）　　　　899 840
　　　　　　　—乙产品（原材料）　　　　1 071 200
　　　　　　　—甲产品（直接人工）　　　15 402
　　　　　　　—乙产品（直接人工）　　　10 268.16

—甲产品（制造费用）　　　　　　5 981.4
　　—乙产品（制造费用）　　　　　　3 987.7

第五节　销售阶段的核算

在销售过程中，企业要将在生产过程中所完成的产品销售出去，收回货币以补偿在产品上的资金耗费，以保证再生产正常进行时的资金需要，这是资金周转最重要的一个过程。

如果企业生产出来的产品销售不出去或者不能全部销售完，那么成品资金就不能顺利地转化为货币资金，通过生产过程增值的价值就得不到实现。

一、确认销售收入

企业在销售商品过程中还会发生各种费用，如包装费、运输费、装卸费、保险费、展览费、广告费，以及为企业销售本企业产品而专设的销售机构的职工薪酬、业务费等，应计入当期损益。在销售过程当中，主要任务是准确核算产品销售收入，核算与监督销售货款结算情况，准确计算销售税金及附加，确定销售业务成果。

例： 昌隆公司销售给重庆九灵塑胶有限责任公司甲产品199件，含税单价500.38元，于2023年4月10日取得货款99 575.62元，结转成本46 213.77元。四月份销售甲产品199件，价款85 107.37元，增值税销项税额14 468.25元。

主营业务收入账户是损益类账户，用来核算企业销售产品、提供劳务及让渡资产使用权等日常活动中所产生的收入，包括产成品、自制半成品、供应性劳务等，它的贷方登记已销售的产品、提供劳务等收入。借方登记期末转入本年利润账户的数额，结转后科目期末无余额。为了核算每一种已经销售产品的销售收入，需要按照已销产品的类别设置明细账，所以会计分录如下：

借：银行存款　　　　　　　　　　　　99 575.62
　　贷：主营业务收入—甲产品　　　　　　85 107.37
　　　　应交税费—应交增值税（销项税额）　14 468.25

二、结转销售成本

确定销售收入后，要结转产品销售成本。因为本月销售产品，销售收入增加同时也就会引起库存商品的减少，因而应该在月末把已销售的产品的实际生产成本从库存商品账户的贷方转入主营业务成本的借方。

主营业务成本是一个损益类的账户，用来核算企业销售产品、提供劳务及让渡资产使用权等日常活动而发生的成本。与主营业务收入正好相反，它的借方登记已销售产品、劳务供应等的实际成本，贷方登记期末转入本年利润账户的数额，结转后科目期末无余额。主营业务成本也需按照产品的类别设置明细分类账，依据收入成本配置的原则。

企业在确认销售收入的同时，应当结转企业的销售成本，根据企业已经销售的产品编制成本的结算表，计算当期销售产品的种类、数量、金额。库存商品单位成本计算表，如表 5-5 所示。销售产品成本结转表，如表 5-6 所示。

表 5-5　库存商品单位成本计算表

2023/04/30　　　　　　　　　　　　　　　　　　　　　　　　　　　　　　　　　单位：元

产品名称	期初结存 数量	期初结存 金额	本期入库 数量	本期入库 金额	本期发出库存商品单位成本
甲	2 000	464 000.00	3 800	882 952.76	232.23
乙	1 000	550 000.00	2 000	1 085 455.86	545.15
合计		1 014 000.00		1 968 408.62	

制表：于欢　　　　　　　　　　　　　　　　　　　　　　　　　　　　　　　　审核：王军

表 5-6　销售产品成本结转表

2023/04/30　　　　　　　　　　　　　　　　　　　　　　　　　　　　　　　　　单位：元

领用部门	用途	甲 数量	甲 金额	乙 数量	乙 金额	合计
专设销售机构	销售领用	5 000	1 161 150.00			1 161 150.00
合计		5 000	1 161 150.00			1 161 150.00

制表：于欢　　　　　　　　　　　　　　　　　　　　　　　　　　　　　　　　审核：王军

结转成本=平均单位成本×领用数量
=232.23×199=46 213.77

依据数据编制成本结转的会计分录：
　　借：主营业务成本　　　　　　46 213.77
　　　　贷：库存商品　　　　　　　　46 213.77

第六节　财务成果的核算

一、财务成果业务核算

经过供产销的生产经营过程，为了评价企业经营成果，需要进行财务成果的核算，正确计算出利润并进行利润分配。因此，确定企业实现的净利润和对利润进行分配，就构成了企业财务成果业务核算的主要内容。

利润是指企业在一定会计期间的经营成果，利润包括收入减去费用后的净额、直接计入当期利润的利得和损失等。直接计入当期利润的利得和损失是指应当计入当期损益、会导致所有者权益发生增减变动的、与所有者投入资本或者向所有者分配利润无关的利得或损失。营业利润、利润总额和净利润的关系，如图 5-1 所示。

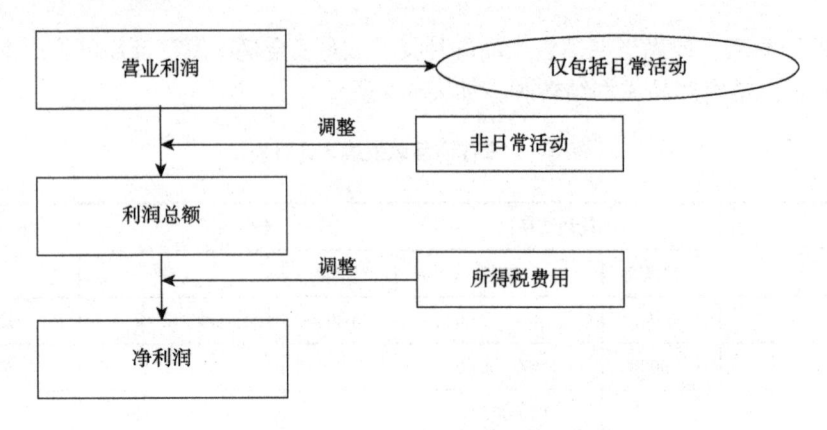

```
营业利润 ──→ 仅包括日常活动
   │  ←调整── 非日常活动
   ↓
利润总额
   │  ←调整── 所得税费用
   ↓
净利润
```

图 5-1 营业利润、利润总额和净利润关系图

（一）营业利润

营业利润=营业收入-营业成本-税金及附加-销售费用-管理费用-财务费用-资产减值损失+公允价值变动收益（-公允价值变动损失）+投资收益（-投资损失）

营业收入是指企业经营业务所确认的收入总额，包括总业务收入和其他业务收入。营业成本是指企业经营业务所发生的实际成本总额，包括主营业务成本和其他业务成本。资产减值损失是指企业计提的各项资产减值准备所形成的损失。公允价值变动收益或损失是企业交易性金融资产的公允价值变动形成的，应计入当期损益的收益或损失。投资收益是指企业以各种方式对外投资所取得的收益或发生的损失。

（二）利润总额

利润总额=营业利润+营业外收入-营业外支出

营业外收入是指企业发生的与其日常活动无直接关系的各项利得。营业外支出是指企业发生的与日常活动无直接关系的各项损失。利润的计算需分为营业利润的计算和利润总额的计算两步进行。由以上两个公式可以看出，营业利润是指日常活动所取得的利润，而利润总额是在日常所获得利润的基础上，再加上或减去与企业发生的日常活动没有直接关系的利得和损失两部分。

营业利润代表我们经常性的财务成果取得的能力，而加减营业外支出是一些偶然的、与生产经营活动没有直接关系的各项利得和损失导致经营成果发生变化的情况。因此，利润要分成两步来计算。

（三）净利润

净利润=利润总额-所得税费用

所得税费用是指企业确认的应从当期利润总额中扣除的所得税费用。因此，确定企业实现的净利润和对净利润进行分配，构成了企业财务成果核算的主要内容。

例：根据上文利润的计算公式，首先进行利润总额的核算，将公司 12 月 31 日所有的收入和费用进行了汇总，如表 5-7 所示。

表 5-7　收入和费用汇总表

收入类账户		费用类账户	
主营业务收入	90 000	主营业务成本	35 703
营业外收入	1 800	销售费用	2 975
		税金及附加	4 500
		管理费用	13 099
		营业外支出	1 000

账户中涉及所有的损益类账户中的收入类和费用类，主营业务收入、营业外收入就属于损益类账户中的收入类，两者的共同特点是：①贷方登记本期各项收入的发生额；②借方登记期末转入"本年利润"账户的数额，结转后无余额。

主营业务成本、销售费用、税金及附加、管理费用和营业外支出是损益类账户中的费用类，共同特点是：①借方登记本期各项支出的发生额；②贷方登记期末转入"本年利润"账户的数额，结转后应无余额。

所以在核算本年利润总额的时候，要把所有的损益类账户的收入类和费用类转入本年利润账户。

本年利润账户是一个所有者权益类账户，用于核算企业在本年度内实现的净利润，贷方由主营业务收入、其他业务收入、营业外收入等账户转入的余额组成，借方登记主营业务成本、营业费用、管理费用、财务费用、其他业务成本、税金及附加、营业外支出及所得税费用账户转入的金额。期末时，将本期收入和费用相抵，结出所有的累计余额。贷方余额表示当期实现的利润总额，借方表示当期发生的亏损总额。年末，根据本期或本年度利润总额，计算出应交纳所得税，利润总额扣除所得税费用后的余额为净利润，净利润的余额全部转入利润分配账户的贷方。如为净亏损则做相反的分录，年度结转后本年利润账户无余额。

损益类账户中的收入类结转出本年利润，做以下分录：
借：主营业务收入
　　营业外收入
　贷：本年利润

损益类账户中的支出类结转入本年利润的借方，做以下分录：
借：本年利润
　贷：主营业务成本
　　　销售费用
　　　税金及附加
　　　管理费用
　　　营业外支出

例：月末将损益类账户本期发生额结转至本年利润账户。本年利润，如表 5-8 所示。

表 5-8 本年利润

借方		贷方	
12月初余额		12月初余额	400 000
主营业务成本	35 703	主营业务收入	90 000
销售费用	2 975	营业外收入	1 800
税金及附加	4 500		
管理费用	13 099		
营业外支出	1 000		
本期发生额	57 277	本期发生额	91 800
		期末余额	434 523

"本年利润"账户的期末余额在贷方，表示企业全年利润总额为 434 523 元

相关分录如下：

（1）结转收入类账户时：

借：主营业务收入—A 产品　　　90 000
　　　营业外收入　　　　　　　　1 800
　　贷：本年利润　　　　　　　　　　91 800

（2）结转成本、费用、支出类账户时：

借：本年利润　　　　　　　　　57 277
　　贷：主营业务成本—A 产品　　　　35 703
　　　　销售费用　　　　　　　　　　2 975
　　　　税金及附加　　　　　　　　　4 500
　　　　管理费用　　　　　　　　　 13 099
　　　　营业外支出　　　　　　　　　1 000

（四）所得税费用

所得税费用账户是损益类账户，用来核算企业按规定从本期损益中扣除的所得税。它具有以下特点：①借方登记本期计算的所得税费用；②贷方登记期末转入"本年利润"账户的数额，结转后应无余额。

接上例，本年已经实现利润总额 434 523 元，假设本企业没有纳税调整的项目，利润总额与应纳税所得额相等，按照 25%计提应交所得税，利润总额乘以所得税的税率，计算出所得税为 108 630.75 元。

应交所得税=利润总额×税率=434 523×25%=108 630.75（元）

会计分录如下：

借：所得税费用　　　　　　　　　108 630.75
　　贷：应交税费—应交所得税　　　　108 630.75

核算净利润，将所得税费用的账户余额再一次转到本年利润的账户当中，具体会计分录如下：

借：本年利润　　　　　　　　　　108 630.75
　　贷：所得税费用　　　　　　　　　108 630.75

净利润=434 523-108 630.75=325 892.25（元）

利润分配的核算，全年的利润总额是 434 523 元，上缴企业所得税后，对净利润进行利润分配。

《中华人民共和国公司法》第一百六十六条规定：公司分配当年税后利润时，应当提取利润的百分之十列入公司法定公积金。公司从税后利润中提取法定公积金后，经股东会或者股东大会决议，还可以从税后利润中提取任意公积金。企业提取的盈余公积可用于弥补亏损、扩大生产经营、转增资本或派送新股等。提取盈余公积后的余额才可向投资者分配利润，向投资者分配利润后的余额才是企业的未分配利润。

所以在以上利润分配过程当中，对它进行核算，需要设置的科目就有盈余公积、应付股利和利润分配等账户。

二、利润分配的过程

（一）盈余公积

盈余公积是指企业按照有关规定从净利润中提取的积累资金，是利润分配的一个项目。盈余公积是一个损益类的账户，在提取时，登记在贷方，贷方表示增加。企业用盈余公积弥补亏损或转增资本时，则登记在借方，表示盈余公积减少。最后期末贷方余额就表示提取出来的盈余公积数。

例：接上例，假设 12 月 31 日按照税后利润，净利润的 10%计提盈余公积，则盈余公积的计提公式为

提取的盈余公积=税后利润×10%=325 892.25×10%=32 589.23（元）

会计分录如下：

借：利润分配　　　　　　　　32 589.23
　贷：盈余公积　　　　　　　　32 589.23

提取出盈余公积后，若仍留有利润，根据股东大会的决议，向投资者分配利润，假设这个企业在 12 月 31 日决定，向投资者分配利润 158 000 元，则通过应付股利账户核算。

（二）应付股利

应付股利账户，用来核算企业股东大会或类似机构决议确定分配的现金股利或利润。它的贷方登记应付给投资者的利润数，借方登记实际支付的利润数。期末余额在贷方为尚未支付的利润数，期末余额在借方为多付的利润数。

向投资者分配利润 158 000 元，从利润当中拿出分给投资者，因此利润减少，借方登记"利润分配"，分配股利还未发放，形成负债，因此贷方登记"应付股利"。

（三）利润分配

企业在提取盈余公积及向投资者分配利润后，剩余税后净利润结转"利润分配"账户，形成所有者权益。

利润分配账户用来核算企业所有的利润分配和历年分配后的余额。借方登记提取的盈余公积、应付的利润及由本年利润账户转入的本年累计亏损数，贷方登记年末由本年

利润账户转来的本年累计的净利润数。用贷方余额表示未分配利润，借方余额表示目前为止还未弥补的亏损。这个账户应该是按照分配的项目设置明细账，提取盈余公积，向投资者分配利润。

例：在 12 月 31 日将税后净利润再转入本年的利润分配。实现净利润 325 892.25 元，通过本年利润转入利润分配，做以下分录：

  借：本年利润   325 892.25
   贷：利润分配   325 892.25

复习思考题

1. 举例说明会计需要做数智化处理的主要经济业务。
2. 为支持"虚拟企业""数据银行"等新的组织形式和管理模式，企业会计工作需做哪些调整？

第六章

数智财务报表

社会新格局为经济的全面数智化打开了新的篇章,影响着企业的市场竞争与发展。

本章介绍财务报表的概念、分类及财务报告列报的基本要求,并详细地介绍资产负债表、利润表、现金流量表等主要会计报表的概念及编制方法。

【重要概念】 财务报表 资产负债表 利润表 现金流量表

第一节 数智财务报表认知

一、财务报表的定义

财务报表,是对企业财务状况、经营成果和现金流量的结构性表述。

二、财务报表的组成

一套完整的财务报表至少应当包括以下几部分。

1)资产负债表

资产负债表是反映企业在某一特定日期的财务状况的财务报表。

2)利润表

利润表是反映企业在一定会计期间的经营成果的财务报表。

3)现金流量表

现金流量表是反映企业在一定会计期间的现金和现金等价物流入和流出的财务报表。

4)所有者权益变动表

所有者权益变动表是反映构成所有者权益的各组成部分当期的增减变动的财务报表。

5)附注

附注是在资产负债表、利润表、现金流量表和所有者权益变动表等报表中列示的文字描述或明细资料,以及对未能在这些报表中列示项目的说明等。

第二节 数智资产负债表

一、资产负债表概述

资产负债表是指反映企业某一特定日期的财务状况的报表。如表6-1所示。

依据：资产=负债+所有者权益

表6-1 资产负债表

会企01表

编制单位： 年 月 日 单位：元

资产	期末余额	上年年末余额	负债和所有者权益（或股东权益）	期末余额	上年年末余额
流动资产：			流动负债：		
货币资金			短期借款		
交易性金融资产			交易性金融负债		
衍生金融资产			衍生金融负债		
应收票据			应付票据		
应收账款			应付账款		
应收款项融资			预收账款		
预付账款			合同负债		
其他应收款			应付职工薪酬		
存货			应交税费		
合同资产			其他应付款		
持有待售资产			持有待售负债		
一年内到期的非流动资产			一年内到期的非流动负债		
其他流动资产			其他流动负债		
流动资产合计			流动负债合计		
非流动资产：			非流动负债：		
债权投资			长期借款		
其他债权投资			应付债券		
长期应收款			其中：优先股		
长期股权投资			永续债		
其他权益工具投资			租赁负债		
其他非流动金融资产			长期应付款		
投资性房地产			预计负债		
固定资产			递延收益		
在建工程			递延所得税负债		
生产性生物资产			其他非流动负债		
油气资产			非流动负债合计		

续表

资产	期末余额	上年年末余额	负债和所有者权益（或股东权益）	期末余额	上年年末余额
使用权资产			负债合计		
无形资产			所有者权益（或股东权益）：		
开发支出			实收资本（或股本）		
商誉			其他权益工具		
长期待摊费用			其中：优先股		
递延所得税资产			永续股		
其他非流动资产			资本公积		
非流动资产合计			减：库存股		
			其他综合收益		
			专项储备		
			盈余公积		
			未分配利润		
			所有者权益（或股东权益）合计		
资产总计			负债和所有者权益（或股东权益）总计		

（一）资产

资产应当按照流动资产和非流动资产在资产负债表中列示。

（1）流动资产：是指预计在一个正常营业周期中变现、出售或耗用，或者主要为交易目的而持有，或者预计在资产负债表日起一年内（含一年）变现的资产，或者自资产负债表日起一年内交换其他资产或清偿负债的能力不受限制的现金或现金等价物。

（2）非流动资产：是指流动资产以外的资产。

（二）负债

负债应当按照流动负债和非流动负债在资产负债表中进行列示。

（1）流动负债：是指预计在一个正常营业周期中清偿，或者主要为交易目的而持有，或者自资产负债表日起一年内（含一年）到期应予以清偿，或者企业无权自主地将清偿推迟至资产负债表日后一年以上的负债。

（2）非流动负债：是指流动负债以外的负债。

（三）所有者权益

所有者权益，是企业资产扣除负债后的剩余权益，反映企业在某一特定日期股东（投资者）拥有的净资产的总额。

所有者权益一般按照实收资本、资本公积、其他综合收益、盈余公积和未分配利润分项列示。

二、资产负债表的结构

目前国际上通行的资产负债表正表的列报格式一般有报告式资产负债表和账户式资

产负债表两种。

1. 报告式资产负债表

报告式资产负债表是上下结构,上半部列示资产,下半部列示负债和所有者权益,因此又称竖式资产负债表。具体又分为"资产=负债+所有者权益"和"资产-负债=所有者权益"两种排列形式。其格式如表6-2所示。

表6-2 资产负债表(报告式)

年 月 日　　　　　　　　　　　　　　　　　　单位:元

资产=负债+所有者权益		资产-负债=所有者权益	
项目	期末余额	项目	期末余额
流动资产:		流动资产:	
…		…	
非流动资产:		非流动资产:	
…		…	
资产合计:		资产合计:	
流动负债:		流动负债:	
…		…	
非流动负债:		非流动负债:	
…		…	
负债合计:		负债合计:	
所有者权益:		所有者权益:	
…		…	
所有者权益合计:			
负债及所有者权益合计:		所有者权益合计:	

2. 账户式资产负债表

账户式资产负债表是按照"T"型账户的形式设计的资产负债表。账户式资产负债表是左右结构,左边列示资产各项目,反映全部资产的分布及存在形态;右边列示负债和所有者权益各项目,反映全部负债和所有者权益的内容及构成情况。资产负债表左右双方平衡,资产总计等于负债加所有者权益总计,即"资产=负债+所有者权益"。在我国,资产负债表采用账户式结构。为了让使用者通过比较不同时点资产负债表的数据,掌握企业财务状况的变动情况及发展趋势,企业需要提供比较资产负债表,资产负债表还就各项目再分为"年初余额"和"期末余额"两栏分别填列。其格式如表6-3所示。

表 6-3　资产负债表（账户式）

年　月　日　　　　　　　　　　　　　　　　　　　　　　　　　　　　单位：元

资产	年初余额	期末余额	负债及所有者权益	年初余额	期末余额
流动资产： ⋮ 非流动资产： ⋮			流动负债： ⋮ 非流动负债： ⋮ 负债合计 所有者权益： ⋮ 所有者权益合计：		
资产合计			负债及所有者权益合计		

三、资产负债表填列方法

（一）"年初余额"的填列方法

"年初余额"栏内各项数字，应根据上年年末资产负债表"期末余额"栏内所列数字填列。如果上年年末资产负债表规定的各个项目的名称和内容同本年度不一致，应对上年年末资产负债表各项目的名称和内容按照本年度的规定进行调整，填入本表"年初余额"栏内。

（二）"期末余额"的填列方法

资产负债表"期末余额"栏一般应根据资产、负债和所有者权益类科目的期末余额填列。

（1）根据总账科目余额填列。有些项目可以直接根据有关总账科目的余额填列，如"其他权益工具投资""递延所得税资产""长期待摊费用""短期借款""应付票据""持有待售负债""交易性金融负债""租赁负债""递延收益""递延所得税负债""实收资本（或股本）""其他权益工具""库存股""资本公积""其他综合收益""专项储备""盈余公积"等项目；有些项目则应根据几个总账科目的期末余额计算填列，如"货币资金"项目，应根据"库存现金""银行存款""其他货币资金"三个总账科目的期末余额的合计数填列。

（2）根据明细账科目余额分析计算填列。例如，"应付账款"项目，应根据"应付账款"和"预付账款"两个科目所属的相关明细科目的期末贷方余额合计数填列；"预收账款"项目，应根据"预收账款"和"应收账款"科目所属各明细科目的期末贷方余额合计数填列。

（3）根据总账科目和明细账科目余额分析计算填列。例如，"长期借款"项目，应根据"长期借款"总账科目余额扣除"长期借款"科目所属的明细科目中将在资产负债表日起一年内到期且企业不能自主地将清偿义务展期的长期借款的金额计算填列。

（4）根据有关科目余额减去其备抵科目余额后的净额填列。例如，"固定资产"项目，应根据"固定资产"和"固定资产清理"科目的期末余额减去"累计折旧""固定资产减值准备"科目余额后的净额填列。

（5）综合运用上述填列方法分析填列。例如，"存货"项目，应根据"材料采购""原材料""发出商品""库存商品""周转材料""委托加工物资""生产成本""受托代销商品"等科目的期末余额及"合同履约成本"科目的明细科目中初始确认时摊销期限不超过一年或一个正常营业周期的期末余额合计，减去"受托代销商品款""存货跌价准备"科目期末余额及"合同履约成本减值准备"科目中相应的期末余额后的金额填列，材料采用计划成本核算，以及库存商品采用计划成本核算或售价核算的企业，在填列存货项目时还应加或减材料成本差异、商品进销差价后的金额填列。

（三）资产负债表各项目列报说明

1. 资产项目的列报说明

（1）"货币资金"项目反映企业库存现金、银行结算户存款、外埠存款、银行汇票存款、银行本票存款等的合计数。本项目应根据"库存现金""银行存款""其他货币资金"科目期末余额的合计数填列。

（2）"交易性金融资产"项目反映企业持有的以公允价值计量且其变动计入当期损益的为交易目的所持有的债券投资、股票投资等金融资产。本项目应根据"交易性金融资产"科目的期末余额填列。

（3）"应收票据"项目反映企业以摊余成本计量的因销售商品、提供劳务等而收到的商业汇票，包括银行承兑汇票和商业承兑汇票。本项目根据"应收票据"科目的期末余额，减去"坏账准备"科目中有关应收票据计提的坏账准备期末余额后的金额填列。

（4）"应收账款"项目反映以摊余成本计量的企业因销售商品、提供劳务等经营活动应收取的款项。本项目应根据"应收账款"和"预收账款"科目所属各明细科目的期末借方余额合计数，减去"坏账准备"科目中有关应收账款计提的坏账准备期末余额后的金额填列。如"应收账款"科目所属明细科目期末有贷方余额的，应在资产负债表"预收账款"项目内填列。

（5）"预付账款"项目反映企业按照购货合同规定预付给供应单位的款项等。本项目应根据"预付账款"和"应付账款"科目所属各明细科目的期末借方余额合计数，减去"坏账准备"科目中有关预付账款计提的坏账准备期末余额后的金额填列。如"预付账款"科目所属各明细科目期末有贷方余额的，应在资产负债表"应付账款"项目内填列。

（6）"应收利息"项目反映企业应收取的债券投资等的利息。本项目应根据"应收利息"科目的期末余额，减去"坏账准备"科目中有关应收利息计提的坏账准备期末余额后的金额填列。

（7）"应收股利"项目反映企业应收取的现金股利和应收取的其他单位分配的利润。本项目应根据"应收股利"科目的期末余额，减去"坏账准备"科目中有关应收股利计提的坏账准备期末余额后的金额填列。

（8）"其他应收款"项目反映企业除应收票据、应收账款、预付账款、应收股利、应收利息等经营活动以外的其他各种应收、暂付的款项。本项目应根据"其他应收款"科目的期末余额，减去"坏账准备"科目中有关其他应收款计提的坏账准备期末余额后的金额填列。

（9）"存货"项目反映企业期末在库、在途和在加工中的各种存货的可变现净值或成本。本项目应根据"材料采购""原材料""低值易耗品""库存商品""周转材料""委托加工物资""生产成本"等科目的期末余额合计，减去"受托代销商品款""存货跌价准备"科目期末余额后的金额填列。材料采用计划成本核算，以及库存商品采用计划成本核算或售价核算的企业，在填列存货项目时还应加或减材料成本差异、商品进销差价后的金额填列。

（10）"合同资产"项目根据本企业履行履约义务与客户付款之间的关系在资产负债表中列示的合同资产填列。

（11）"持有待售资产"项目，反映资产负债表日划分为持有待售类别的非流动资产及划分为持有待售类别的处置组中的流动资产和非流动资产的期末账面价值。

（12）"一年内到期的非流动资产"项目反映企业将于一年内到期的非流动资产项目金额。本项目应根据有关科目的期末余额填列。

（13）"其他流动资产"项目反映企业除货币资金、交易性金融资产、应收票据、应收账款、存货等流动资产以外的其他流动资产。本项目应根据有关科目的期末余额填列。

（14）"可供出售金融资产"项目反映企业持有的以公允价值计量的可供出售的股票投资、债券投资等金融资产。本项目应根据"可供出售金融资产"科目的期末余额，减去"可供出售金融资产减值准备"科目期末余额后的金额填列。

（15）"债券投资"项目反映企业持有的以摊余成本计量的长期债券投资的期末账面价值。本项目应根据"债券投资"科目的期末余额，减去"债券投资减值准备"科目期末余额后的金额填列。

（16）"长期应收款"项目反映企业融资租赁产生的应收款项、采用递延方式具有融资性质的销售商品和提供劳务等产生的长期应收款项等。本项目应根据"长期应收款"科目的期末余额，减去相应的"未实现融资收益"科目和"坏账准备"科目所属相关明细科目期末余额后的金额填列。

（17）"长期股权投资"项目反映企业持有的对子公司、联营企业和合营企业的长期股权投资。本项目应根据"长期股权投资"科目的期末余额，减去"长期股权投资减值准备"科目期末余额后的金额填列。

（18）"固定资产"项目反映企业各种固定资产原价减去累计折旧和累计减值准备后的净额。本项目应根据"固定资产"科目的期末余额，减去"累计折旧"和"固定资产减值准备"科目期末余额后的金额填列。

（19）"在建工程"项目反映企业期末各项未完工程的实际支出，包括交付安装的设备价值，未完建筑安装工程已经耗用的材料、工资和费用支出，预付出包工程的价款等的可收回金额。本项目应根据"在建工程"科目的期末余额，减去"在建工程减值准备"科目期末余额后的金额填列。

（20）"工程物资"项目反映企业尚未使用的各项工程物资的实际成本。本项目应根据"工程物资"科目的期末余额填列。

（21）"固定资产清理"项目反映企业因出售、毁损、报废等转入清理但尚未清理完毕的固定资产的净值，以及固定资产清理过程中所发生的清理费用和变价收入等各项金额的差额。本项目应根据"固定资产清理"科目的期末借方余额填列，如"固定资产清理"科目期末为贷方余额，以"—"号填列。

（22）"无形资产"项目反映企业持有的无形资产，包括专利权、非专利技术、商标权、著作权、土地使用权等。本项目应根据"无形资产"科目的期末余额，减去"累计摊销"和"无形资产减值准备"科目期末余额后的金额填列。

（23）"开发支出"项目反映企业开发无形资产过程中能够资本化形成无形资产成本的支出部分。本项目应根据"开发支出"科目中所属的"资本化支出"明细科目期末余额填列。

（24）"商誉"项目反映企业合并中形成的商誉的价值。本项目应根据"商誉"科目的期末余额，减去相应减值准备后的金额填列。

（25）"长期待摊费用"项目反映企业已经发生但应由本期和以后各期负担的分摊期限在一年以上的各项费用。长期待摊费用中在一年内（含一年）摊销的部分，在资产负债表"一年内到期的非流动资产"项目填列。本项目应根据"长期待摊费用"科目的期末余额减去将于一年内（含一年）摊销的数额后的金额填列。

（26）"递延所得税资产"项目反映企业确认的可抵扣暂时性差异产生的递延所得税资产。本项目应根据"递延所得税资产"科目的期末余额填列。

（27）"其他非流动资产"项目反映企业除长期股权投资、固定资产、在建工程、工程物资、无形资产等资产以外的其他非流动资产。本项目应根据有关科目的期末余额填列。

2. 负债项目的列报说明

（1）"短期借款"项目，反映企业向银行或其他金融机构等借入的期限在一年以下（含一年）的各种借款。本项目应根据"短期借款"科目的期末余额填列。

（2）"交易性金融负债"项目，反映企业承担的以公允价值计量且其变动计入当期损益的为交易目的所持有的金融负债。本项目应根据"交易性金融负债"科目的期末余额填列。

（3）"应付票据"项目，反映企业购买材料、商品和接受劳务供应等而开出、承兑的商业汇票，包括银行承兑汇票和商业承兑汇票。本项目应根据"应付票据"科目的期末余额填列。

（4）"应付账款"项目，反映企业因购买材料、接受劳务等经营活动应支付的款项。本项目应根据"应付账款"和"预付账款"科目所属各明细科目的期末贷方余额合计数填列，如"应付账款"科目所属明细科目期末有借方余额的，应在资产负债表"预付账款"项目内填列。

（5）"预收账款"项目，反映企业按照购货合同规定向购货单位预收的款项。本项目应根据"预收账款"和"应收账款"科目所属各明细科目的期末贷方余额合计数填列，如"预收账款"科目所属明细科目期末有借方余额，应在资产负债表"应收账款"项目内填列。

（6）"应付职工薪酬"项目，反映企业根据有关规定应付给职工的工资、职工福利、社会保险费、住房公积金、工会经费、职工教育经费、非货币性福利、辞退福利等各种薪酬。

（7）"应交税费"项目，反映企业按照税法等规定计算应缴纳的各种税费，包括增值税、消费税、所得税、资源税、土地增值税、城市维护建设税、房产税、土地使用税、车船税、教育费附加等。企业代扣代缴的个人所得税等，也通过本科目核算。企业所缴纳的税金不需要预计应交数的，如印花税、耕地占用税等，不在本项目列示。本项目应根据"应交税费"科目的期末贷方余额填列，如"应交税费"科目期末为借方余额，应以"—"号填列。

（8）"应付利息"项目，反映企业按照规定应当支付的利息，包括分期付息到期还本的长期借款应支付的利息、企业发行的企业债券应支付的利息等。本项目应当根据"应付利息"科目的期末余额填列。

（9）"应付股利"项目，反映企业分配的现金股利或利润。企业分配的股票股利，不通过本项目列示。本项目应根据"应付股利"科目的期末余额填列。

（10）"其他应付款"项目，反映企业除应付票据、应付账款、预收账款、应付职工薪酬、应付股利、应付利息、应交税费等以外的其他各项应付、暂收的款项。本项目应根据"其他应付款"科目的期末余额填列。

（11）"一年内到期的非流动负债"项目，反映企业非流动负债中将于资产负债表日后一年内到期部分的金额，如将于一年内偿还的长期借款。本项目应根据有关科目的期末余额填列。

（12）"合同负债"项目，反映企业已收或应收客户对价而应向客户转让商品的义务。企业应当根据本企业履行履约义务与客户付款之间的关系在资产负债表中列示合同负债。

（13）"长期借款"项目，反映企业向银行或其他金融机构借入的期限在一年以上（不含一年）的各种借款。本项目应根据"长期借款"科目的期末余额填列。

（14）"应付债券"项目，反映企业为筹集长期资金而发行的债券本金和利息。本项目应根据"应付债券"科目的期末余额填列。

（15）"长期应付款"项目，反映企业除长期借款和应付债券以外的其他各种长期应付款项。本项目应根据"长期应付款"科目的期末余额，减去相应的"未确认融资费用"科目期末余额后的金额填列。

（16）"专项应付款"项目，反映企业取得的政府作为企业所有者投入的具有专项或特定用途的款项。本项目应根据"专项应付款"科目的期末余额填列。

（17）"预计负债"项目，反映企业确认的对外提供担保、未决诉讼、产品质量保证、重组义务、亏损性合同等预计负债。本项目应根据"预计负债"科目的期末余额填列。

（18）"递延所得税负债"项目，反映企业确认的应纳税暂时性差异产生的所得税负债。本项目应根据"递延所得税负债"科目的期末余额填列。

（19）"其他非流动负债"项目，反映企业除长期借款、应付债券等负债以外的其他非流动负债。本项目应根据有关科目的期末余额减去将于一年内（含一年）到期偿还数后的余额填列。非流动负债各项目中将于一年内（含一年）到期的非流动负债，应在"一年内到期的非流动负债"项目内单独反映。

3. 所有者权益项目的列报说明

（1）"实收资本（或股本）"项目，反映企业各投资者实际投入的资本（或股本）总额。本项目应根据"实收资本（或股本）"科目的期末余额填列。

（2）"资本公积"项目，反映企业资本公积的期末余额。本项目应根据"资本公积"科目的期末余额填列。

（3）"库存股"项目，反映企业持有的尚未转让或注销的本公司股份金额。本项目应根据"库存股"科目的期末余额填列。

（4）"盈余公积"项目，反映企业盈余公积的期末余额。本项目应根据"盈余公积"科目的期末余额填列。

（5）"未分配利润"项目，反映企业尚未分配的利润。本项目应根据"本年利润"科目和"利润分配"科目的余额计算填列。未弥补的亏损在本项目内以"—"号填列。

第三节　数智利润表

一、利润表概述

（一）利润表的定义

利润表，是指反映企业在一定会计期间的经营成果的会计报表。

例如，企业编制的2020年度利润表反映的就是2020年1月1日至12月31日的经营成果。

（二）利润表的结构

利润表的结构有单步式和多步式两种。

1）单步式利润表

单步式利润表将各项收入和费用分别汇总归为收入和费用两大类项目，通过收入总额减去费用总额，计算得出净利润。其格式如表6-4所示。

表6-4　利润表（单步式）

编制单位：　　　　　　　　　年　月　　　　　　　　　单位：元

项目	本期金额	上期金额
一、收入		
营业收入		
投资收益		
营业外收入		
二、费用		
营业成本		
税金及附加		
销售费用		

续表

项目	本期金额	上期金额
管理费用		
财务费用		
营业外支出		
所得税费用		
三、净利润		

单步式利润表简单明了，但由于其收入与费用配比缺乏对应关系，不利于报表使用者理解和使用。

2）多步式利润表

多步式利润表是对当期的收入、费用、支出项目按性质加以归类，按利润形成的主要环节列示一些中间性利润指标，分步计算当期净损益。在我国，企业基本上采用多步式利润表，其格式如表 6-5 所示。

表 6-5 利润表（多步式）

编制单位：　　　　　　　　　　　　年　月　　　　　　　　　　　　单位：元

项目	本期金额	上期金额
一、营业收入		
减：营业成本		
税金及附加		
销售费用		
管理费用		
财务费用		
资产减值损失		
加：公允价值变动收益（损失以"—"填列）		
投资收益（损失以"—"填列）		
其中：对联营企业和合营企业的投资收益		
二、营业利润（亏损以"—"填列）		
加：营业外收入		
减：营业外支出		
其中：非流动资产处置损失		
三、利润总额（亏损总额以"—"填列）		
减：所得税费用		
四、净利润（净亏损以"—"填列）		
五、每股收益		
（一）基本每股收益		
（二）稀释每股收益		
六、其他综合收益		
七、综合收益总额		

多步式利润表通过列示中间性利润数据，分步反映净利润的计算过程，可以清晰地解释净利润各构成要素之间的内在联系，便于报表使用者进行盈利情况分析，满足决策时对财务信息的需求。

利润表一般由表头、表体两部分组成。

（1）表头部分应列明报表名称、编制单位名称、编制日期、报表编号和计量单位。

（2）表体部分是利润表的主体，列示形成经营成果的各个项目和计算过程。

为了使财务报表使用者比较不同期间利润的实现情况，判断企业经营成果的未来发展趋势，企业需要提供比较利润表。各项目再分为"本期金额"和"上期金额"两栏。其格式如表6-6所示。

表6-6 利润表会企02表（简表）

编制单位：　　　　　　　　　　　年　月　　　　　　　　　　　　　单位：元

项目	本期金额	上期金额
一、营业收入		
减：营业成本		
税金及附加		
销售费用		
管理费用		
研发费用		
财务费用		
其中：利息费用		
利息收入		
加：其他收益		
投资收益（损失以"—"号填列）		
净敞口套期收益（损失以"—"号填列）		
公允价值变动收益（损失以"—"号填列）		
资产减值损失（损失以"—"号填列）		
信用减值损失（损失以"—"号填列）		
资产处置收益（损失以"—"号填列）		
二、营业利润（亏损以"—"号填列）		
加：营业外收入		
减：营业外支出		
三、利润总额（亏损以"—"号填列）		
减：所得税费用		
四、净利润（净亏损以"—"号填列）		

续表

项目	本期金额	上期金额
五、其他综合收益的税后净额		
（一）不能重分类进损益的其他综合收益		
（二）将重分类进损益的其他综合收益		
六、综合收益总额		
七、每股收益		
（一）基本每股收益		
（二）稀释每股收益		

二、利润表主要项目的内容

1. 营业收入

营业收入是"主营业务收入"和"其他业务收入"科目的发生额。

2. 营业成本

营业成本是"主营业务成本"和"其他业务成本"科目的发生额。

3. 税金及附加

税金及附加是"税金及附加"科目的发生额。

4. 销售费用

销售费用反映企业在销售商品过程中发生的包装费、广告费等费用和为销售本企业商品而专设的销售机构的职工薪酬、业务费等经营费用，是"销售费用"科目的发生额。

5. 管理费用

管理费用反映企业为组织和管理生产经营发生的管理费用，是"管理费用"科目的发生额。

6. 研发费用

研发费用是"管理费用"科目下的"研发费用"明细科目的发生额，以及"管理费用"科目下的"无形资产摊销"明细科目的发生额。

7. 财务费用

财务费用反映企业筹集生产经营所需资金等而发生的筹资费用，是"财务费用"科目的发生额。

"利息费用"反映为筹集生产经营所需资金而发生的应予费用化的利息，是"财务费用"科目的相关明细科目发生额。

"利息收入"项目，反映企业按照相关会计准则确认的应冲减财务费用的利息收入，是"财务费用"科目的相关明细科目发生额。

8. 投资收益

投资收益是"投资收益"科目的发生额,如为投资损失,本项目以"—"号填列。

9. 公允价值变动收益

公允价值变动收益是"公允价值变动损益"科目的发生额,如为净损失,本项目以"—"号填列。

10. 资产减值损失

资产减值损失是"资产减值损失"科目的发生额。

第四节 数智现金流量表

一、现金和现金流量的基本概念

现金流量表是以现金及现金等价物为基础编制的,划分为筹资活动、投资活动和经营活动,按照收付实现制原则编制,将权责发生制下的盈利信息调整为收付实现制下的现金流量信息。

(1)现金是指企业的库存现金及可以随时用于支付的存款,不能随时用于支付的存款不属于现金。

(2)现金等价物,是指企业持有的期限短、流动性强、易于转换为已知金额现金、价值变动风险很小的投资。

期限短,一般指从购买日起 3 个月内到期。现金等价物通常包括 3 个月内到期的短期债券投资。

二、现金流量及其分类

现金流量是指企业现金和现金等价物的流入和流出。

在现金流量表中,现金及现金等价物被视为一个整体,企业现金(含现金等价物,下同)形式的转换不会产生现金的流入和流出。

(一)筹资活动

筹资活动是指导致企业资本及债务规模和构成发生变化的活动。

资本,既包括实收资本(股本),也包括资本溢价(股本溢价)。

债务,指对外举债,包括向银行借款、发行债券及偿还债务等。

通常情况下,应付账款、应付票据等属于经营活动,不属于筹资活动。

(二)投资活动

投资活动是指企业长期资产的购建和不包括在现金等价物范围内的投资及其处置活动。

（三）经营活动

经营活动是指企业投资活动和筹资活动以外的所有交易和事项。

三、现金流量表项目的内容

（一）筹资活动产生的现金流量

1. "吸收投资收到的现金"项目

反映企业以发行股票等方式筹集资金实际收到的款项，减去直接支付给金融企业的佣金、手续费、宣传费、咨询费、印刷费等发行费用后的净额。

2. "取得借款收到的现金"项目

反映企业举借各种短期、长期借款而收到的现金及发行债券实际收到的款项净额。

3. "偿还债务支付的现金"项目

反映企业以现金偿还债务的本金。

4. "分配股利、利润或偿付利息支付的现金"项目

反映企业实际支付的现金股利、支付给其他投资单位的利润或用现金支付的借款利息、债券利息，为购建固定资产而发生的借款利息资本化部分。

（二）投资活动产生的现金流量

1. "收回投资收到的现金"项目

反映企业出售、转让或到期收回除现金等价物以外的交易性金融资产、长期股权投资而收到的现金，以及收回长期债权投资本金而收到的现金，但长期债权投资收回的利息除外。

2. "取得投资收益收到的现金"项目

反映企业因股权性投资而分得的现金股利，从子公司、联营企业或合营企业分回利润而收到的现金，以及因债权性投资而取得的现金利息收入，但股票股利除外。

3. "处置固定资产、无形资产和其他长期资产收回的现金净额"项目

反映企业出售、报废固定资产、无形资产和其他长期资产所取得的现金（包括因资产毁损而收到的保险赔偿收入），减去为处置这些资产而支付的有关费用后的净额，但现金净额为负数的除外。

4. "购建固定资产、无形资产和其他长期资产支付的现金"项目

反映企业购买、建造固定资产、取得无形资产和其他长期资产所支付的现金及增值税款、支付的应由在建工程和无形资产负担的职工薪酬现金支出。

但为购建固定资产而发生的借款利息资本化部分除外。

5. "投资支付的现金"项目

反映企业取得的除现金等价物以外的权益性投资和债权性投资所支付的现金及支付的佣金、手续费等附加费用。

（三）经营活动产生的现金流量

1. "销售商品、提供劳务收到的现金"项目

（1）本期销售商品、提供劳务收到的现金；

（2）前期销售商品、提供劳务本期收到的现金（包括销售收入和应向购买者收取的增值税销项税额）；

（3）本期预收的款项。

2. "收到的税费返还"项目

反映企业收到返还的增值税、所得税、消费税、关税和教育费附加等各种税费返还款。

3. "收到的其他与经营活动有关的现金"项目

反映企业收到的罚款收入等其他与经营活动有关的现金流入，金额较大的应当单独列示。

4. "购买商品、接受劳务支付的现金"项目

（1）本期购买商品、接受劳务实际支付的现金（包括增值税进项税额）；

（2）本期支付前期购买商品、接受劳务的未付款项；

（3）本期预付款项。

5. "支付给职工以及为职工支付的现金"项目

反映企业本期实际支付给职工的工资、奖金、各种津贴和补贴等职工薪酬。

应由在建工程、无形资产负担的职工薪酬及支付的离退休人员的职工薪酬不在本项目中反映。

6. "支付的各项税费"项目

反映企业按规定支付的各项税费，包括本期发生并支付的税费、本期支付以前各期发生的及预交的税费。

对于计入固定资产价值实际支付的耕地占用税、本期退回的增值税、所得税等不在本项目中反映。

在本项目中所反映企业支付的增值税，是指企业直接上缴税务部门的增值税，对于企业采购时向供货商付款时支付的进项税额，应当在"购买商品、接受劳务支付的现金"项目中反映。

7. "支付的其他与经营活动有关的现金"项目

反映企业支付的罚款支出、支付的差旅费、业务招待费、保险费等其他与经营活动有关的现金流出。

四、现金流量表的结构

现金流量表由正表和附表两部分组成。为了反映企业经营活动、投资活动和筹资活动的现金流入和流出情况，现金流量表正表是按"现金净流量＝经营活动净现金流量＋

投资活动净现金流量+筹资活动净现金流量"等式安排结构的，其格式包括经营活动产生的现金流量、投资活动产生的现金流量和筹资活动产生的现金流量三大部分，每一部分都分别列示现金流入和现金流出的明细情况。

我国《企业会计准则》要求企业采用的现金流量表基本格式如表6-7、表6-8所示。

表6-7 现金流量表

企会03表
编制单位：　　　　　　　　　　　　　年　月　　　　　　　　　　　　　　单位：元

项目	本期金额	上期金额
一、经营活动产生的现金流量		
销售商品、提供劳务收到的现金		
收到的税费返还		
收到的其他与经营活动有关的现金		
经营活动现金流入小计		
购买商品、接受劳务支付的现金		
支付给职工以及为职工支付的现金		
支付的各项税费		
支付的其他与经营活动有关的现金		
经营活动现金流出小计		
经营活动产生现金流量净额		
二、投资活动产生的现金流量		
收回投资收到的现金		
取得投资收益收到的现金		
处置固定资产、无形资产和其他长期资产收回的现金净额		
处置子公司及其他营业单位收到的现金净额		
收到的其他与投资活动有关的现金		
投资活动现金流入小计		
购建固定资产、无形资产和其他长期资产支付的现金		
投资支付的现金		
取得子公司及其他营业单位支付的现金净额		
支付的其他与投资活动有关的现金		
投资活动现金流出小计		
投资活动产生的现金流量净额		
三、筹资活动产生的现金流量		
吸收投资收到的现金		
取得借款收到的现金		
收到的其他与筹资活动有关的现金		
筹资活动现金流入小计		
偿还债务支付的现金		
分配股利、利润或偿付利息支付的现金		
支付的其他与筹资活动有关的现金		

续表

项目	本期金额	上期金额
筹资活动现金流出小计		
筹资活动产生的现金流量净额		
四、汇率变动对现金及现金等价物的影响		
五、现金及现金等价物净增加额		
加：期初现金及现金等价物余额		
六、期末现金及现金等价物余额		

表6-8　现金流量表补充资料

编制单位：　　　　　　　　　　　　年　月　　　　　　　　　　　　　　单位：元

补充资料	本期金额	上期金额
一、将净利润调节为经营活动的现金流量：		
净利润		
加：资产减值准备		
固定资产折旧、油气资产折耗、生产性生物资产折旧		
无形资产摊销		
长期待摊费用摊销		
处置固定资产、无形资产和其他长期资产的损失（收益以"—"号填列）		
固定资产报废损失（收益以"—"号填列）		
公允价值变动损失（收益以"—"号填列）		
财务费用（收益以"—"号填列）		
投资损失（收益以"—"号填列）		
递延所得税资产减少（增加以"—"号填列）		
递延所得税负债增加（减少以"—"号填列）		
存货的减少（增加以"—"号填列）		
经营性应收项目的减少（增加以"—"号填列）		
经营性应付项目的增加（减少以"—"号填列）		
其他		
经营活动产生的现金流量净额		
二、不涉及现金收支的重大投资和筹资活动：		
债务转为资本		
一年内到期的可转换公司债券		
融资租入固定资产		
三、现金及现金等价物净变动情况：		
现金的期末余额		
减：现金的期初余额		
加：现金等价物的期末余额		
减：现金等价物的期初余额		
现金及现金等价物净增加额		

复习思考题

1. 数智财务报表的使用者有哪些？对使用者的作用有哪些？
2. 数智资产负债表能否反映企业的价值？
3. 通过数智利润表如何评价企业的经营业绩？